당근이의
봄·여름·가을·겨울
추억 이야기

글·그림 소녀붓샘 윤현숙

엔·투·디
n2d

인사말

같은 듯 다른 추억이
설레듯 꽃으로 피어나자
잊고 지냈던 일들이 마치
어제 일어난 일처럼 또렷하게
되살아납니다
고맙고 그리운 시절의 우리는
철부지 어린아이였지만
함께 지내온 시간들이
별처럼 빛나고
골목길에 울려 퍼졌던 소리는
여전히 내 곁에 작은 울림으로 남아
마음을 따뜻하게 합니다

오늘 이 순간도 지나고 나면
추억이라는 이름으로 남아
오래도록 내 곁을 지키겠지요
언제나 내편인 가족들과 내 오랜 친구들
항상 격려와 사랑을 아낌없이 주시는
캘리밴드 선생님들과
당근이를 사랑해주시는
모든 분들께 감사드립니다

소녀붓샘 윤현숙 올림

봄

- » 우리 행복하자 — 08
- » 입학식 — 10
- » 아이스께끼 — 12
- » 그땐 왜 그랬을까 — 14
- » 할수록 잘하게 될거야 — 16
- » 헌 이 줄게 새 이 다오 — 18
- » 흙장난 — 20
- » 살구 받기 — 22
- » 똥 퍼~어 — 24
- » 실 뜨개 — 26
- » 보물찾기 — 28
- » 편지 심부름 — 30
- » 간장 계란 비빔밥 — 32
- » 감꽃 목걸이 — 34
- » 병아리 파는 아저씨 — 36
- » 땡감 절임 — 38
- » 제기차기 — 40
- » 동생 돌보기 — 42
- » 철봉 — 44
- » 애들은 가라 애들은 가 — 46
- » 야 잡히면 죽는다 — 48
- » 왕구슬이 최고다 — 50
- » 똥봉투 — 52
- » 공납금 납부 — 54
- » 반짝반짝 윤이 나야 — 56
- » 우리 집에 왜 왔니 — 58
- » 청소 가자 빨리 나온나 — 60
- » 삐리리 삐~~이 보리피리 소리 — 62
- » 아부지 새참 왔어요 새참 — 64
- » 아 이게 뭐야 — 66

여름

- » 한번만 타 보자 한번만 — 70
- » 사이좋게 나눠 먹어라 — 72
- » 괘안타 신경 쓰지 마라 — 74
- » 아~딱 한입만 — 76
- » 땟국물이 빠질때까지 — 78
- » 물독 채우기 — 80
- » 쿵탁탁탁 딱탁탁탁 — 82
- » 힘든 내색 없이 웃고 계셨다 — 84
- » 옛따 소금 — 86
- » 밖에 있제 가지 마라 — 88
- » 손등에 때나 베끼라 — 90
- » 으으 차차차 — 92
- » 방향이 중요하다 — 94
- » 소꿉놀이 하자 — 96
- » 강아지풀을 좋아하나 봐 — 98
- » 첫사랑이 이루어진다 — 100
- » 비석치기 — 102
- » 아카시아 꽃이 필 때면 — 104
- » 일기쓰기 — 106
- » 따끈하게 데워진 돌 위에 앉아 — 108
- » 누가 누가 멀리가나 — 110
- » 똑 똑 똑 물이 떨어진다 — 112
- » 에고 에고 저 일을 우짜노 — 114
- » 뿌아앙~~뿌앙 와~~~~소독차다 — 116
- » 오바 오바 들리나 오바 — 118
- » 진흙탕 웅덩이 — 120
- » 얼레리 꼴레리 누구누구는 좋아한대요~~ — 122
- » 요요 붙어라 — 124
- » 무궁화 꽃이 피었습니다 — 126
- » 예방주사 (불주사) — 128

가을

- 야~~ 언능 나온나 … 132
- 꼭꼭 씹어 먹어라 … 134
- 할매는 모를기다 … 136
- 우리 동네에 만화방이 생겼다 … 138
- 뻥이요~~ … 140
- 얼굴 가득 껌이 붙어도 좋아라했다 … 142
- 꿈을 펼쳐라 … 144
- 골고루 나눠 주는 멋진 친구 … 146
- 똥 침을 받아라! … 148
- 국군 아저씨께 … 150
- 줄넘기 시험 … 152
- 금강산 찾아가자 일만이천봉 … 154
- 왝 … 156
- 나는 바보 … 158
- 오래 매달리기 … 160
- 코스모스 꽃길 … 162
- 가을 소풍 장기자랑 … 164
- 오자미 두 개씩 … 166
- 운동회의 꽃 이어달리기 … 168
- 훠이~~훠이 … 170
- 탈 탈 탈 … 172
- 나도 따라 콩닥콩닥 … 174
- 국어 대사전 … 176
- 맨발로 다닐 줄 알아라! … 178
- 아폴로 사진 찍어요! … 180
- 개꿈 … 182
- 알밤 줍기 … 184
- 손가락 푹 찔러 빨아 먹은 … 186
- 꼬마야 꼬마야 … 188

겨울

- 호롱불 아래 … 192
- 고물장수 … 194
- 분홍 소시지 반찬 … 196
- 난로 위의 도시락 … 198
- 계란 후라이가 없다 … 200
- 하라는 공부는 안하고 … 202
- 까만 건 글씨요 흰 건 종이라 … 204
- 부럽기만 하여라 … 206
- 참빗질 … 208
- 잡히기만 해봐라 … 210
- 까마귀가 친구하자 하겠다 … 212
- 국수 나온다 … 214
- 술빵에는 술이 들어간다 … 216
- 많아도 너무 많은 … 218
- 엄마한테 맡겨라 … 220
- 불장난하면 이불에 오줌싼다 … 222
- 밍크담요 이불 … 224
- 꼭 꼭 숨어라 … 226
- 엄마는 모르실거야 … 228
- 연탄불 좀 빌리 주이소 … 230
- 동치미 국물 … 232
- 조심하이소 … 234
- 아버지한테 일러 줄기다 … 236
- 안 씹다 입을 크게 아 해라 … 238
- 달집에 불이야 … 240
- 고드름 고드름 수정 고드름 … 242
- 팽이치기 … 244
- 엿이요 엿 … 246
- 벙어리 장갑 … 248
- 크리스마스 … 250
- 주걱 떡 … 252
- 달님 소원을 들어 주세요 … 254

당근이의
봄·여름·가을·겨울
추억 이야기

우리 행복하자 08
입학식 10
아이스께끼 12
그땐 왜 그랬을까 14
할수록 잘하게 될거야 16
헌 이 줄게 새 이 다오 18
흙장난 20
살구 받기 22
똥 퍼~어 24
실 뜨개 26
보물찾기 28
편지 심부름 30
간장 계란 비빔밥 32
감꽃 목걸이 34
병아리 파는 아저씨 36
땡감 절임 38
제기차기 40
동생 돌보기 42
철봉 44
애들은 가라 애들은 가 46
야 잡히면 죽는다 48
왕구슬이 최고다 50
똥봉투 52
공납금 납부 54
반짝반짝 윤이 나야 56
우리 집에 왜 왔니 58
청소 가자 빨리 나온나 60
삐리리 삐~~이 보리피리 소리 62
아부지 새참 왔어요 새참 64
아 이게 뭐야 66

소녀붓샘의
어린 시절 추억 일기장! ─────────────────────────

우리 행복하자

추운 겨울 따뜻한 물 한 바가지면
고양이 세수를 하고 머리카락에 물칠해서
새집도 정리하고 발도 씻고
그 물로 걸레까지 빨고 살았어도
좋은 추억으로 남은 그때 그 시절

"행복이 벨거가"

마음먹은 대로 기분 좋게
사는 것이 행복이다

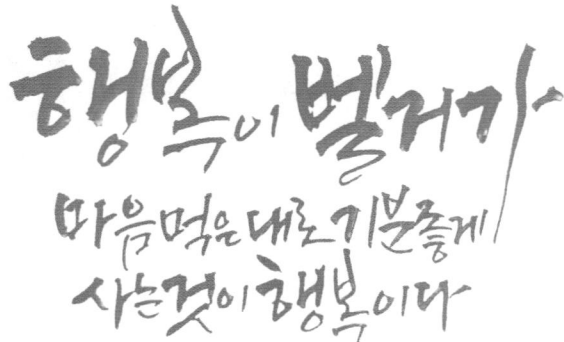

입학식

새로운 시작의 설레임

학교 입학식 날 깨끗하게 차려입고
가슴에 흰 손수건 하나 달고
어머니 손에 이끌려 학교 운동장으로 갔다
벌써 많은 사람들이 모여 있었고
어머니는 반가운 얼굴로 인사하기 바쁘셨다
드디어 반이 정해지고 선생님을 따라
운동장 한 바퀴 돌고
교실로 향했다

"참새 짹짹 오리 꽥꽥
 돼지 꿀꿀 나비 훨훨"

그렇게 나의 학교생활은 시작되었다

설레임으로

당근이의 봄·여름·가을·겨울 추억 이야기

아이스 께끼

국민학교 교복으로 여학생은 남색 주름치마에 흰 블라우스
남학생은 멜빵바지에 흰 블라우스를 입었는데
어느 날 여학생 치마를 들추며 하는 장난

"아이스 께끼"

유난히 또래보다 키가 컸던 나는 장난치는 친구를
잡아서 혼내주는 일을 도맡아 했었는데~
그 시절의 나는 정의의 사도였을까
요즘 애들마냥 일진이었을까

가까울수록 예의가 필요해

그땐 왜 그랬을까

먼저 하자고
했으면서
울긴 왜
울어

1학년 1학기 수업 전 짝꿍이
책상 위에 연필칼로 선을 그으며 내게 말했다

"선 넘어오면 다 자를기다
 진짜로 자를기가?
 그래 진짜로 자를기다
 알았다 니도 넘어오면 자를기다"

수업 중에 보니 공책이 넘어와 잘라 버렸다
울고 난리가 나서 선생님께 둘이 혼이 났는데
먼저 하자고 했으면서 울긴 왜 울어

할수록 잘하게 될거야

누구에게나 처음은 있다
할수록잘하게될테니
포기하지말고 끝까지
열심히하자

'누구에게나 처음은 있다
 할수록 잘하게 될 테니 포기하지 말고
 끝까지 열심히 하자'

구구단이 적혀 있는 책받침을 하나 사서
보고 또 보면서 외웠다
분명 다 외웠는데 숙제 검사로 선생님 앞에만 서면
아는 것도 생각이 안 나는지 도통 모르겠다
다 한번에 통과를 못 해서 노래로 가르쳐 주셨다

할수록 잘하게
될거야

헌 이 줄게~새 이 다오~

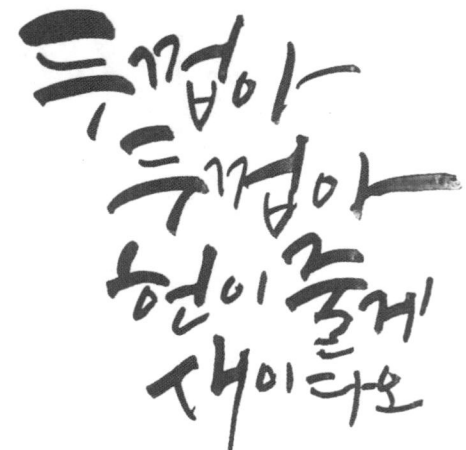

'두껍아 두껍아
 헌 이 줄게 새 이 다오'

"아~~해 봐라
 일단 실에 묶고
 야~~이게 뭐꼬 '탁'
 아야 뭔데
 뭐긴 뭐라 니 이빨이지
 자 지붕 위로 이빨 던지면서 빌어라
 예쁜 새 이 달라꼬"

당근이의 봄 여름 가을 겨울 추억 이야기

흙장난

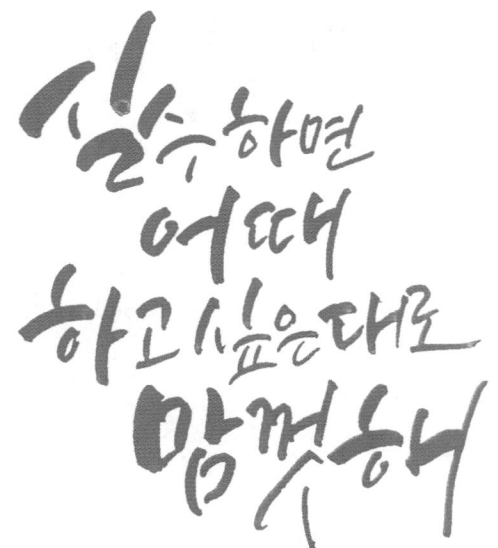

아이스께기 막대기를 가운데 꽂고
흙을 잘 다져야지 잘 안쓰러진다
항상 '가위 바위 보'를 해서
이긴 사람이 먼저 시작하는 놀이다

"양손으로 싹 걷어 가야지 그라기 있나
 있다 우쨌든 쪼매라도 가져가면 된다
 나도 쪼매만 가져가야지
 아이스께끼 막대기 넘어지면 진거다
 할 수 있는 한 맘껏 하고
 넘어지지 않게 요령껏 해라"

살구 받기

"이층 있나
 이층은 당근 있지"

남천내에 친구와 함께
동글동글 잘생긴 돌을 주위
주머니 가득 담아 와서 장독대에 모아 놓고
친구들이 모일 때마다 살구 받기를 했다
할 때마다 돌이 자꾸 없어지는 이유는 뭘까

*남천내-고향동네 앞 개울가 이름

똥
퍼
~
어

똥 귀한 시절엔

"똥 퍼~~어, 퍼~어"

변소 푸는 날은 특히 조심해야 한다.
똥지게 아저씨가 옆에 튄 똥물을 깨끗이 씻어서
다 푸고 나면 위에 물이 흥건했다
그때 똥을 누면 꼭 똥물이 엉덩이에 튀어
종이 낭비한다는 소리를 들어도 여러 번 닦아야 한다
이럴 때는 최대한 참는 수밖에 없었는데
똥이 떨어지기 전에 엉덩이를 살짝 들어야 한다는
사실을 나중에야 알았다

실 뜨개

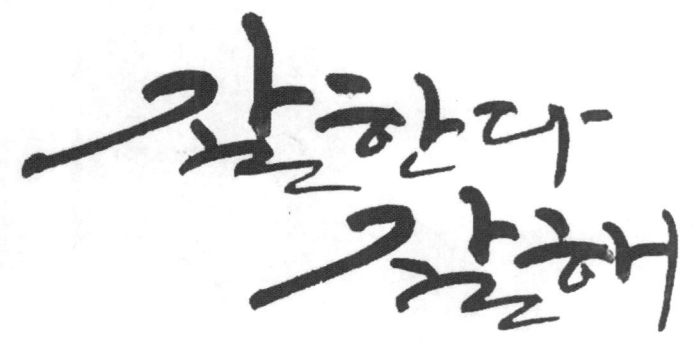

실 뜨개 하자

"내가 갈카 주께
 잘 보고 그대로 하면 된다
 손가락 하나 여기 끼고
 다른 손은 저기
 잘 한다 잘해
 이번에는 안으로 돌리면서
 위로 쭈욱 올려라
 아~ 아니 다시 하자
 잘하네"

실은 잘 됐다가 낼 또 하면 된다

행복과 행운 사이의
즐거움

당근이의 봄·여름·가을·겨울 추억 이야기

보물찾기

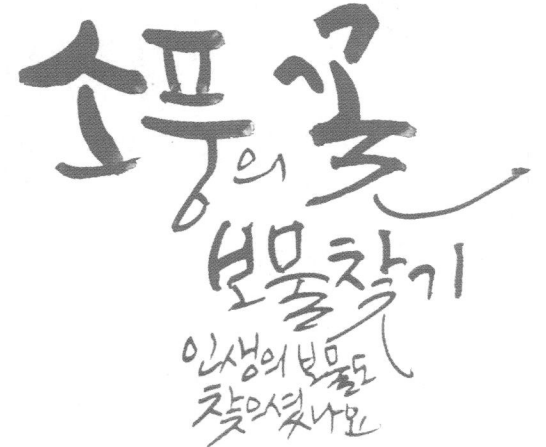

"시작~~~
 잘 찾아봐라
 찾은 사람은 선생님한테 오세요
 나는 못 찾겠다
 내가 두개 찾았으니 한개 주께
 니는 진짜 잘 찾네 고맙데이"

'소풍의 꽃, 보물찾기'

편지 심부름

새침데기
옆집언니

"꼬마야
 저 언니랑 친하제
 이거 저 언니 쫌 갖다줘라
 사탕은 니 묵고
 저 언니에게 꼭 갖다줘라
 딴 사람 말고 알았제
 언니야 어떤 아저씨가
 이거 언니에게 주라 카더라
 뭔데 다음부터는 이런 거 받아오지 마라 알았나?"

그 이후 골목 모퉁이에서 언니를 기다리는
모습을 간간히 볼 수 있었다

나에게 너는 봄이다.

calligirl 봄봄 1909

당근이의 봄·여름·가을·겨울 추억 이야기

간장 계란 비빔밥

집에서 키우는 암탉이 갓 나은
따끈따끈한 계란이 생긴 날에는
따뜻한 하얀 쌀밥에 계란을 깨서 넣고
조선간장을 숟가락으로 조금 덜어 넣고
고소한 참기름 반 숟가락도 넣고
비비면 없는 입맛도 돌아오는
꿀맛이다
비릿한 노른자 맛에 고소한 참기름이 어우러져서
다른 반찬이 필요 없었다
사실 다른 반찬이 없을 때 많이 먹었지만~

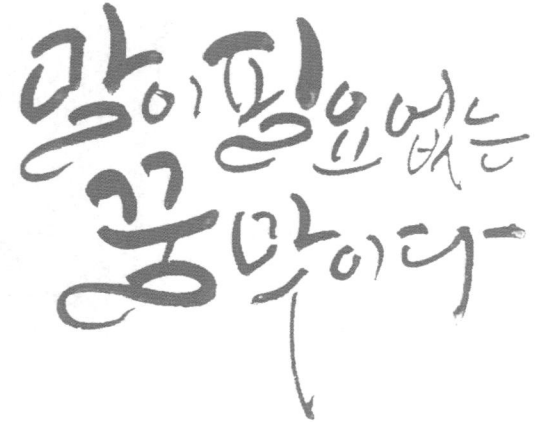

말이 필요없는 꿀맛이다

감꽃 목걸이

하얀 감꽃이 떨어질 때면
아침 일찍 일어나 금방 떨어진 감꽃을
맨 먼저 주워 먹으면 연한 단맛이 느껴진다
간밤에 봄바람이라도 부는 날에는
감나무 아래 감꽃이 떨어져 꽃밭을
이루고 감꽃이 다치지 않게 주워
명주실에 꿰어 목걸이로 만들어
동생 목에 걸어 주고 하나씩 떼서 먹고
실만 남으면 둘이서 실 뜨개를 하곤 했다

병아리 파는 아저씨

봄이면 학교 교문 옆 담벼락에
병아리 파는 아저씨가 오신다
병아리가 너무 귀여워서 용돈으로
군것질 안 하고 병아리 두 마리를 샀다

"암탉도 없는데 우째 키울려고 사 왔노
 그냥 과자나 사 먹지"

엄마의 잔소리를 들으며 정성 들여
키웠는데 이내 죽고 말았다
그 후론 병아리가 귀여워도 그냥
구경만 하고 사지는 않았다
또 죽으면 불쌍하니까~

땡감 절임

기다려본
사람만이
알수있는
성취감

할머니를 닮아 감을 좋아하는 나에게
어느 날 어머니는 땡감을 익혀 먹는 방법을
알려주시면서 작은 단지 안에 소금물을 만들어 주셨다
그날부터 땡감이 떨어지면 얼른 주워서
단지 안에 넣어 두고 익기를 기다리면 연한 노란색으로
익어 떫은맛이 사라지고 단맛이 나며 맛이 좋았다
땡감을 넣어두고 하루에도 몇 번씩 뚜껑을 열어보곤 했었지

제기차기

발들고차기
양발들고차기
둘이서주고
받으며차기

옛날 엽전에 지나간 일일 달력을 말아서 만든
제기 하나면 돌아가면서 차고 놀았는데
엽전이 없으면 병뚜껑에 돌맹이 하나 넣고 고무줄로
감아 만들기도 했다
어느 날 동네 구멍가게에 색색깔 나일론 제기가 나온 뒤로는
아무도 만들어 쓰지 않았고 누가 하나 사면 서로 해보려고
순서 정하느라 옥신각신 했었다

동생 돌보기

동생은 봐야하고
놀고는 싶고
할수없이
업고 놀러다녔다-

봄방학이면 바쁜 어머니를 대신해서 친구와 함께
동생들을 들쳐 업고 학교 운동장으로 놀러 간다.
살구 받기를 하기 위해 화단에 숨겨둔 돌멩이를 찾아낸 후
동생을 운동장에 내려놓기도 하고 운동장에 있는 심판대
위에 동생을 올려 띠로 묶어 놓기도 했는데
후에 만화에 이런 내용이 나와서 깜짝 놀랬다
동생이 어려서 크게 칭얼대는 일 없이 등에 업혀
잘 잤기에 친구랑 놀 수 있었다

당근이의 봄·여름·가을·겨울 추억 이야기

철봉

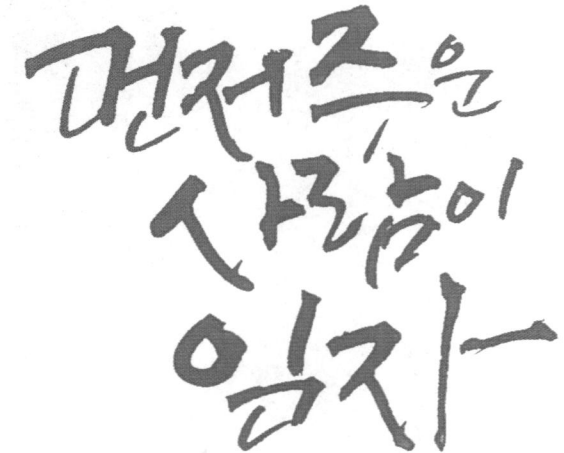

운동장 구석에 있던 철봉은
갓 입학했을 땐 너무 높아서 가까이
가지도 못했는데 학년이 올라가면서
서로 도와주며 거꾸로 매달려서 글씨도
적고 뒤로 뱅글 돌기도 하고
어쩌다 주머니에 동전이라도 떨어지면

"먼저 줍는 사람이 임자"

하면서 서로 주우려 해서 동전을 줍기 위해
떨어지기도 하고 돈은 돌려받아도 그 돈으로
과자를 사서 나눠 먹어야 했다

애들은 가라 애들은 가

애들은 가라~
애들은 가~

오일장이 서는 날 어쩌다 운수 좋은 날에는
뱀 장수 구경을 할 수 있었다

"뱀이요 배아암
 공기 좋고 물 맑은 깊은 산속에서
 백년을 산다는 백사가 들어 간 몸에 좋은 약이 왔어요
 애들은 가라 애들은 가
 이 약으로 말씀 드릴 것 같으면
 아침에 일어나서 힘드신 분 비실비실 기운 없는 분
 한 병만 잡솨~ 봐 다음날 총각이 되요
 먹어봐야 맛을 알고 효과를 알지
 한번 잡솨~~ 봐"

당근이의 봄·여름·가을·겨울 추억 이야기

야 잡히면 죽는다

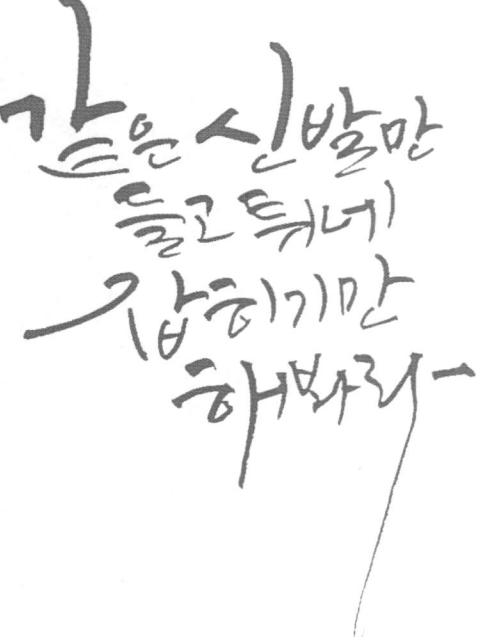

편 가르기 해서 원안에 신발 차 넣기 놀이를
신나게 하고 있는데 개구진 돌이 녀석
갑자기 신발 한 짝 들고 냅다 도망간다

"야 잡히면 죽는다."

돌이 녀석 매번 좋아하는 애 신발만 들고 튀네

"잡히기만 해봐라"

왕구슬이 최고다

찰랑 찰랑
구슬 주머니 흔들면서 우리집 마당으로
오늘의 먹잇감이 들어선다

"왕 구슬이 최고다 덤벼라"

동그라미와 출발선을 그어 놓고 구슬치기를 시작하자
왕구슬에게 많이 잃었다 내가 구슬치기대장인데
비장의 무기 밀어치기로 왕 구슬을 땄다
이내 울상이 된 얼굴로 파란해골 13호 카드랑
왕구슬 다시 바꾸자고 졸라대서 카드 열 장이랑
바꿨다 내일 다시 따면 되니까

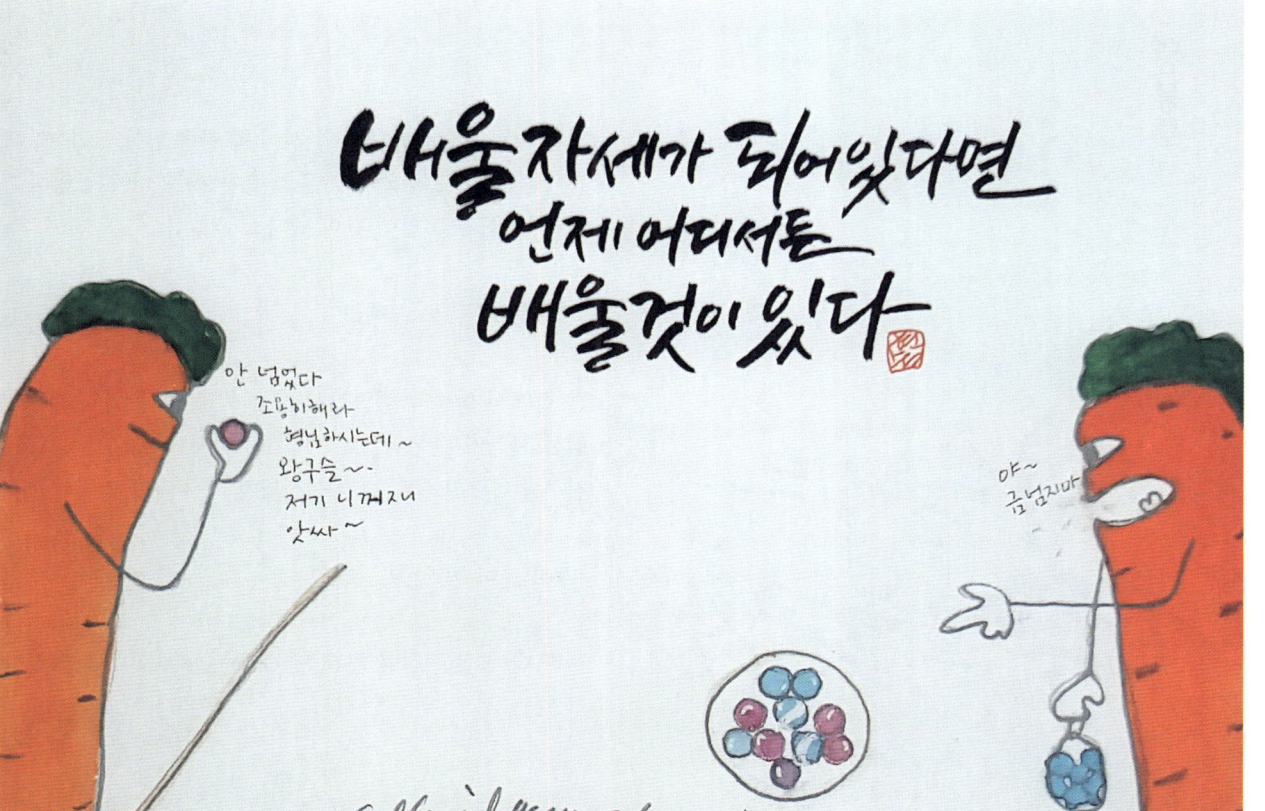

똥봉투

전날 비닐봉지에 똥을 콩알 서너 쪽 만큼 받아 오라셨는데
깜박 잊고 학교에 와서 아무리 용을 써도 나오지 않아
친구 똥을 조금 얻어 같이 냈다

"담에는 니 똥으로 해라"

난 집에서 회충약 먹었는데 나는 회충 없다
검사 결과가 나온 날
친구랑 나란히 불려 나가 선생님 앞에서 약을 먹어야 했다

"다시는 니 똥 안 빌린다."

우리 반에 집 된장을 몰래 낸 친구는 교무실로 불려갔다
그 뒤는 말 안 해도 알겠지

다음에는
니똥으로 해라

공납금 납부

한 반에 서너 명은 꼭 제때 공납금을 내지 못했다
조회 시간에 일일이 불러 언제 납부할 건지 물으시곤
지각한 애들과 함께 복도에 나가 손들고 앉아 있게 하거나
집에 가서 가져오라고 돌려보냈다
집에 가도 아무도 없다는 걸 알기에 운동장만
배회하다 다음 시작종이 울리면 조용히 들어와
고개를 푹 숙이고 있었다.

'가난은 불편한 일이라지만
 자존심 상하는 일이기도 하다'

*가난하다고 기죽지마라~
내일은 아무도 모르는 일이 일어날 것이다*

반짝반짝 윤이 나야

우리의 마음이
행동이
모두 반짝이던
시절

처음엔 들기름으로 복도 마루를 다 칠했다지만
우린 집에서 양초를 가져와
각 반 교실 앞 복도에 초칠을 하고
광이 날 때까지 마른걸레로 빡빡 문질러

'반짝반짝 윤이 나야'

선생님께 검사받고 집에 갈 수 있었다.
초 칠한 다음 날은 잘 미끄러지기도 했지만
미끄럼 타기도 재미있었다

너와 함께라면
모든일이 즐거움이다

춘철
구석,구석, 꼼꼼히하고
보독보독닦아라~

네~

Calligirl붓샘 1906600

써둥~ 가장자리까지다

당근이의 봄·여름·가을·겨울 추억 이야기

우리 집에 왜 왔니

"우리 집에 왜 왔니 왜 왔니
 꽃을 찾으러 왔단다 왔단다
 무슨 꽃을 찾으러 왔느냐 왔느냐
 순이 꽃을 찾으러 왔단다 왔단다"

노래에 맞춰 서로 팔장을 끼고 왔다 갔다 하면서
서로 팔 힘겨루기를 하고 이 편 저 편을
왔다 갔다 하며 놀았다

청소 가자 빨리 나온나

일요일이면 각자 빗자루와 쓰레받기를 가지고 모이면
선생님이 인원 파악을 한다

"새벽종이 울렸네
 새아침이 밝았네"

때마침 울려 퍼지는 새마을 노래 소리에 청소를 시작한다

우리 동네는 놀이터를 중심으로 구역이 정해져 있어
가는 길에 친구 집에 들러 같이 가는데
"수가야~~ 청소 가자 빨리 나온나~~"
하고 부르면
금방 일어났는지 눈꼽만 대충 떼고 나오곤 했다
모두 일찍 나와 있어 빨리 끝나면 놀다 왔다

새벽종이 울렸네
새아침이 밝았네

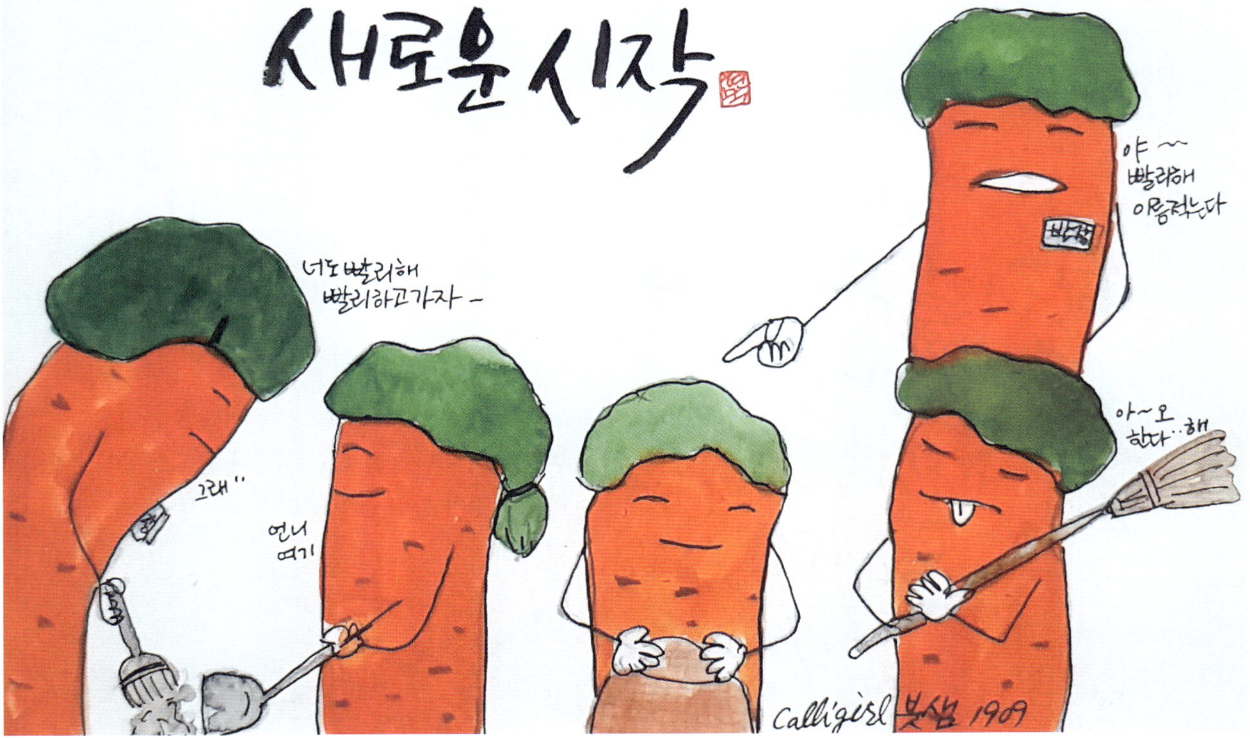
새로운 시작
야~~
빨리해
이름적는다
너도빨리해
빨리하고가자 ~
아~오
그래''
언니
여기
Calligirl
1909

삐리리 삐~이 보리피리 소리

보리밭 사잇길을
지날때면
피리소리가
들린다

친구네 집이 들판 가운데 있어서 보리밭 사잇길을 지날 때면
보릿대를 뽑아 양 끝 대구리를 잘근잘근 씹어 뱉고
입을 모아 불어 멋진 피리 소리를 내었다

'삐리리 삐~이 보리피리 소리'

나도 친구 따라 해봤지만 바람 새는 소리만 나서 이내
흥미를 잃자 풋익은 보리를 양 손바닥에 올리고
야무지게 비벼 한참을 씹으면 껌이 된다고 알려 주었다
보리보다 밀이 훨씬 잘 되었다

아부지 새참 왔어요~ 새참

들판에서 먹는
새참은
꿀맛이다

유난히 무겁게 느껴지던 탁주 주전자를 들고
머리에 광주리를 이고 앞장서는 어머니를 따라
도착한 논에는 모내기가 한창이었다

"아부지 새참 왔어요 새참"

논두렁에 둘러앉아 간장 한 숟가락 넣고
비빈 푸성귀만 가득한 비빔밥도
시큼한 김장김치 숭숭 썰어 넣은 국수 한 그릇도
비록 국수 가락이 불어 있었지만
들판에서 먹는 새참은 꿀맛이었다

오야~ 요거만 하고
희망은
언제나 우리곁에
새참 왔어요~
드시고하세요~~
아부지~
Calligirl 봇살 1906664
"모내기 하는날"

아
이
게
뭐
야

옆집 순이랑 연탄불에 쇠젓가락으로
빠마머리 하려다 홀랑 태워서 엄마에게
야단맞고 얼떨결에 가 본 집 앞 이발소
묻지도 않고 쓱삭쓱삭 잘려 나간 내 머리카락

"아 이게 뭐야"

싫다는 소리 한번 못하고 깎은 몽실언니 머리
그 이후엔 두 번 다시 머리카락 태우는 일도
이발소에 가는 일도 없었다

당근이의
봄·여름·가을·겨울
추억 이야기

한번만 타 보자 한번만 70
사이좋게 나눠 먹어라 72
괘안타 신경 쓰지 마라 74
아~딱 한입만 76
땟국물이 빠질때까지 78
물독 채우기 80
쿵탁탁탁 딱탁탁탁 82
힘든 내색 없이 웃고 계셨다 84
옛따 소금 86
밖에 있제 가지 마라 88
손등에 때나 베끼라 90
으으 차차차 92
방향이 중요하다 94
소꿉놀이 하자 96
강아지풀을 좋아하나 봐 98
첫사랑이 이루어진다 100
비석치기 102
아카시아 꽃이 필 때면 104
일기쓰기 106
따끈하게 데워진 돌 위에 앉아 108
누가 누가 멀리가나 110
똑 똑 똑 물이 떨어진다 112
에고 에고 저 일을 우짜노 114
뿌아앙~~뿌앙 와~~~~소독차다 116
오바 오바 들리나 오바 118
진흙탕 웅덩이 120
얼레리 꼴레리 누구 누구는 좋아한대요~~ 122
요요 붙어라 124
무궁화 꽃이 피었습니다 126
예방주사 (불주사) 128

소녀붓샘의
어린 시절 추억 일기장!

한번만 타 보자~ 한번만

동네에 자전거가 몇 대 없던 시절
더욱이 어린이 자전거는 꿈도 못 꾸던 시절에
서울에서 전학 온 친구가 삐까번쩍한 자전거를 타고
운동장에 나타나자 모두 구경하느라 정신이 없었다

"한번만 타 보자 한번만
 낼 울 아버지 자전차 갖고 오께
 지 혼자 많이 타라 해라. 흥!!!"

졸라도 안 태워주고 잘난 척하는 꼴은 봐야했지만
금세 친해졌다

사이좋게 나눠 먹어라

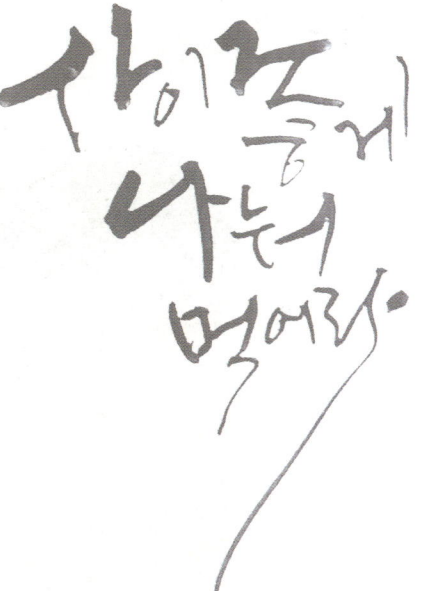

어린이날이 되면 우리 사남매는 신이 나서
색종이로 고리를 만들어 장식하고 아버지 퇴근을
기다리고 있으면 양손 가득 과자를 사 오셔서
양은 밥상에 펼쳐 주시곤 말씀하셨다

"사이좋게 나눠 먹어라"

그날 하루만큼은 과자도 실컷 먹고 용돈도 받았는데
어버이날까지 용돈이 남아 있지 않아서 돼지저금통을
깨야만 했다

괘안타 신경 쓰지 마라

괜찮아
세상에서
가장
소중한 사람이
너란다

"아부지 애들이 양가집 돼지라고 자꾸 놀린다
 누가 그라더노 니가 어데 돼지고
 고마 쪼매 마이 통통한거지
 친구끼리 놀리고 하면 못쓰는기라
 사이좋게 지내야지"

"괘안타 신경 쓰지 마라
 행복은 성적순이 아닌께"

'양가양가가가'로 점철된 성적표를 받아왔어도
 튼튼하면 공부 좀 못해도 된다고 용기를 주셨다

아~
딱
한입만

아
딱 한입만
갈라무먼 감사돼고
얻어무먼 어사된다
할매가 그랬다

"한입만
 한입만 주면 안 되나?
 딱 한 번만 빨아 묵자
 나도 나중에 쫌 주께 안 깨물어 먹을께"

"아~~딱 한입만"

어렵게 얻은 한 번의 기회
혓바닥으로 빨아 먹으니 너무 맛있다
쪼매만 더 무라~
눈 질끈 감고 크게 깨물어 먹자 날아온 꿀밤
니는 다시는 안 준다

땟국물이 빠질때까지

손가락이 하얗게 퉁퉁불어도 신이나

햇살 좋은 날 어머니는 우물가에 큰 대야를 꺼내 놓으시곤
도르박으로 물을 길어 빨간 대야에 가득 채워 주셨다
시원한 우물물에 금새 입술이 새파랗게 변해도
추운 줄도 모르고
종이배 만들어 물에 띄우고 손가락이 하얗게 퉁퉁 불어
땟국물이 빠질 때까지 신나게 놀았다

바라는 대로
원하는 만큼
행복하기

calligirl 붓샘
1906568

물독 채우기

가끔 할머니 댁에 갈 때면 우물이 집에서 멀어
매번 엄마랑 큰 물독을 채우는 게 일이었다
똬리를 올려 물독을 이고 한 손에는 양동이를 들고
앞장서는 엄마 뒤에 수건으로 똬리를 만들어 올려
작은 양동이를 이고 조심해서 따라와도 도착하면
반도 안 남아 있고 옷은 젖고 머리는 아프고
물독을 다 채울 때까지 몇 번을 왔다 갔다 해야 했다
아버지가 일찍 오시면 물지게 한 번에 해결되었다

삶의 무게는 감당할 만큼 주어진다

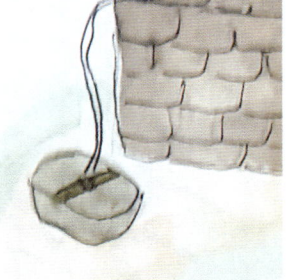

쿵탁탁탁~ 딱탁탁탁

햇살 좋은 날 할머니와 어머니는 삼베이불과 모시적삼에
풀을 멕여 한나절 꾸덕하게 널어 말려서 할머니가 입에 물을
머금고 뿌우~~물을 골고루 뿌린 후 고이 접어 다듬이돌 위에
올려 두 분이 방망이질을 하셨다

"쿵탁탁탁 딱탁탁탁"

경쾌한 소리는 여름 한낮 매미소리와 함께
온 집안에 울려 퍼지고
구김살이 펴진 까슬한 삼베이불을 덮을 수 있었다

쿵탁탁탁
딱탁탁탁
정겨운 소리

당근이의 봄·여름·가을·겨울 추억 이야기

힘든 내색 없이 웃고 계셨다

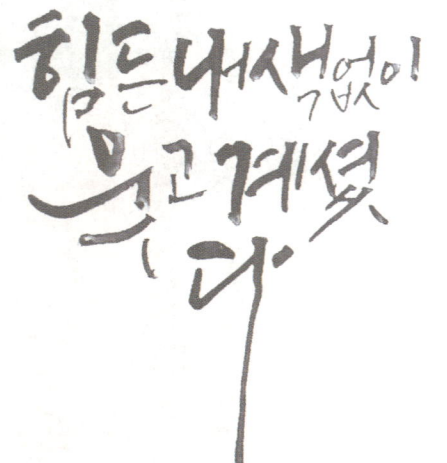

밖에서 놀다 오니 삼복더위에 어머니는 땀을 흘리시면서도
막내를 업고 큰 가마솥에 불을 때고 계셨다
복날이라 집에서 키운 닭을 잡으셨나보다
구수한 향기가 온 집안에 진동해서
침이 꼴깍꼴깍 넘어간다
왠지 미안해서 동생을 받아 업었다
어머니는 식구들 먹일 생각에 힘든 내색 없이 웃고 계셨다

옛따 소금

"아지매 울 엄마가 소금 쫌 주라카네예"

"오야~ 옛따 소금"

한집에 여러 가구가 살아서 누가 이불에 오줌 쌌는지
아침에 빨랫줄에 이불에 내걸리면 알 수 있었다
다시 오줌 싸지 않길 바라며 굳이 키를 씌워 소금
얻으러 보내셨다

당근이의 봄 여름 가을 겨울 추억 이야기

밖에 있제 가지 마라

*등불처럼
너의 길을
비추고
있을게
걱정마*

변소는 왜 멀리 있어서 달이 아무리 밝아도 야밤에 변소
혼자 가기에는 무서워 동생이 나를 깨운다
귀찮아도 후레시라도 비춰 줄 양으로 따라나서는
눈가에 졸음이 묻어난다

"밖에 있제 가지 마라
 후라쉬 비추고 있으니 걱정 말고 일 봐라
 자기 전에 일 봐라 안 하더나 후딱하고 나온나"

내게 늘 힘이 되어주는
당신이 있어
행복합니다

Calligirl 쁫샘 1905417

당근이의 봄 여름 가을 겨울 추억 이야기

손등에 때나 베끼라

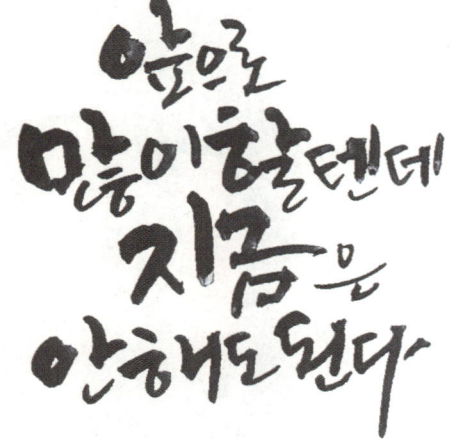

돌아가며 벗어내니 빨래가 산더미다
갱빈에 빨래하러 간께 작은 보따리 들고 따라 온나
니는 빨래할 생각은 하지 말고 돌멩이 하나 주워서

"손등에 때나 베끼라"

물에 푹 담궈 놓다 돌로 빡빡 문지르면 때가 나올기다
무슨 놈의 가시나가 손등이 다 텄노?
살구 받기 좀 그만해라

으으 차차차

장날이면 큼직한 수박 한 통이 우물 안에
둥둥 떠 시원해지길 기다린다

"으으 차차차"

땀 흘리면 들어 온 아버지가 시원한 우물물로
등목하시는 소리는 담장을 넘어 듣는 사람도
시원함을 느끼게 했다
오후 햇살이 한풀 꺾일 때쯤이면
옆방 순이네와 아랫방 철이네 모두
평상에 둘러앉아 수박 한쪽을 같이 나눠 먹었다

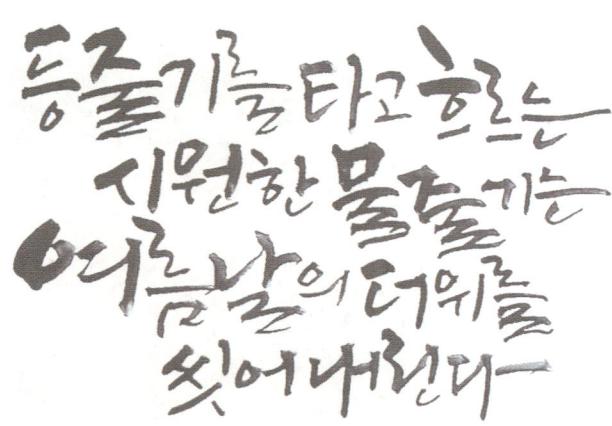

등줄기를 타고 흐르는
시원한 물줄기는
여름날의 더위를
씻어내린다

방향이 중요하다

하고자 하는 일을
정확히 알고
가고자 하는 방향을
정하는게
중요하다

더운 여름이면 아이스박스에 얼음을 사다 쟁여 두고
수박 속을 박박 긁어 설탕 듬뿍 넣고 얼음은 바늘로
살살 깨서 수박화채를 만들어 먹기도 하고
모두 평상에 둘러앉아
시원해진 수박을 잘라 먹기도 하는데
수박씨는 마당으로 멀리 뱉아 버린다
누가 먼저랄 것도 없이 하늘 보고 얼굴에 씨를 붙이려고
방향을 잘 잡아 후~~ 힘껏 뱉아 떡하니 붙으면
마주보며 웃었다

방향이 중요하다

당근이의 봄·여름·가을·겨울 추억 이야기

소꿉놀이 하자

소꿉놀이 속에
드러나는
일상의 대화-
부모는 아이들의
거울이다-

"소꿉놀이 하자
 나는 신랑 너는 각시
 여보! 식사하세요
 오늘 반찬이 뭐꼬?
 나물반찬 임니더
 고기반찬 없나 밥 안 먹고 출근 할란다
 야~~~ 그러면 안 되지 밥은 먹고 가야지
 울 엄마가 반찬투정 하면 안 된다 했다
 내가 신랑하께
 알았다 그래도 맛있는 반찬 만들자
 꽃잎 따 오께"

강아지풀을 좋아하나 봐

개구리 잡으러 갈 때 강아지풀 길게 꺾어서
침을 탁 뱉어 살랑살랑 흔들면 개구리가
먹이인 줄 알고 덥석 문다 개구리 뒷다리
구워 먹으면 진짜 맛있다

"배때기 빨간 개구리는 뱀개구리다
 잡지 마라 독 오른다
 강아지풀 좋아하는 것 맞제~
 쫌 기다리면 될끼다"

개구리는 한 마리도 못 잡고 올챙이만 잡아
고무신에 넣어 집으로 왔다

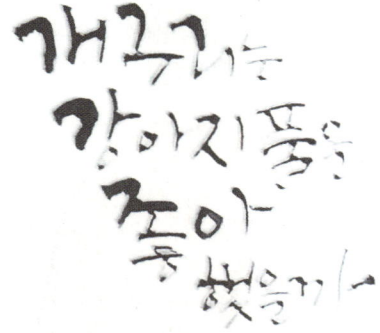

준비된 기다림은
좋은 결과를
얻는다~

기다려봐라~
조용히해라~.

와 내꺼는
잘 안먹노

당근이의 봄·여름·가을·겨울 추억 이야기

첫사랑이 이루어진다

봉숭아 씨방을 따서 귀걸이로 걸고 꽃잎을 따
돌 박에 올려놓고 찧어서 손톱 위에 모양 잡아 올리고
얌전히 앉아 있다 떼면 살짝 물이 든다
자기 전에 봉숭아 꽃잎을 따고 잎사귀도 넣고
붕산도 조금 넣어 빻아서 비닐로 감싸
실로 잘 묶어 자고 일어나야 예쁜 봉숭아 물이 든다
첫눈이 올 때까지 봉숭아 물이 손톱에 남아 있으면
첫사랑이 이루어진다고 새끼손톱은 자르지 않던
옆집 언니 생각이 난다
첫사랑이 이루어졌을까~

비석치기

갱빈에 가서 마음에 드는 돌을 고를 때
너무 납작하지 않고 너무 동글하지 않고
잘 넘어지거나 너무 무거워도 안되니까
아주 신중하게 돌을 골라야 한다
친구들이 모이면 마당에 금을 긋고 돌을
세운 뒤 조심스럽게 다가가 숨을 멈추고
비석치기를 하면 백발백중이었다
안성맞춤으로 잘 되는 돌은 장독대에
숨겨두고 꺼내 쓰곤 했는데 잘 없어져서
자주 돌을 주우러 다녔다

균형감각이 필요한 시간

당근이의 봄·여름·가을·겨울 추억 이야기

아카시아 꽃이 필 때면

아카시아꽃이 필 때면 옆집 언니 생각이 난다
유독 나를 예뻐해서 같이 산으로 들로 놀러 다니며
아카시아가 보이면 줄기를 따서 잎사귀는 다 떼어
버리고 반으로 접어 그사이에 머리카락을 넣어 돌돌
말아 묶어놓고 한참을 놀다 풀어보면 파마처럼
곱슬곱슬 공주머리가 된다
너무 예뻐서 서로 해주곤 했었다
다음날 하려고 많이 따왔는데 줄기가 말라서 할 수 없었다

충분히 잘하고있어

Calligirl붓샘1906537

당근이의 봄·여름·가을·겨울 추억 이야기

105

일기쓰기

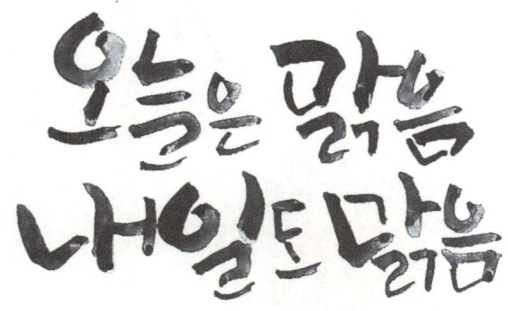

방학 숙제 중에 일기 쓰기는 개학이 가까워지면
가장 큰 고민거리여서 항상 같이 놀던 친구와 함께 숙제를 했다
숙제를 안 해 가면 손바닥을 맞았기에
일기만큼은 꼭 해갔다
저학년 때는 매일 그림일기를 적었는데
선생님이 숙제 검사를 하고 난 뒤부터는 일기가
진짜 일기가 아닌 숙제가 되어버렸다
숙제 검사용 일기에는 그저 그런 날 투성이었고
방학 숙제는 날씨만 겨우 적어두어 내용은 매번 똑같이
밥 먹고 동생 돌보기, 친구와 놀기였다

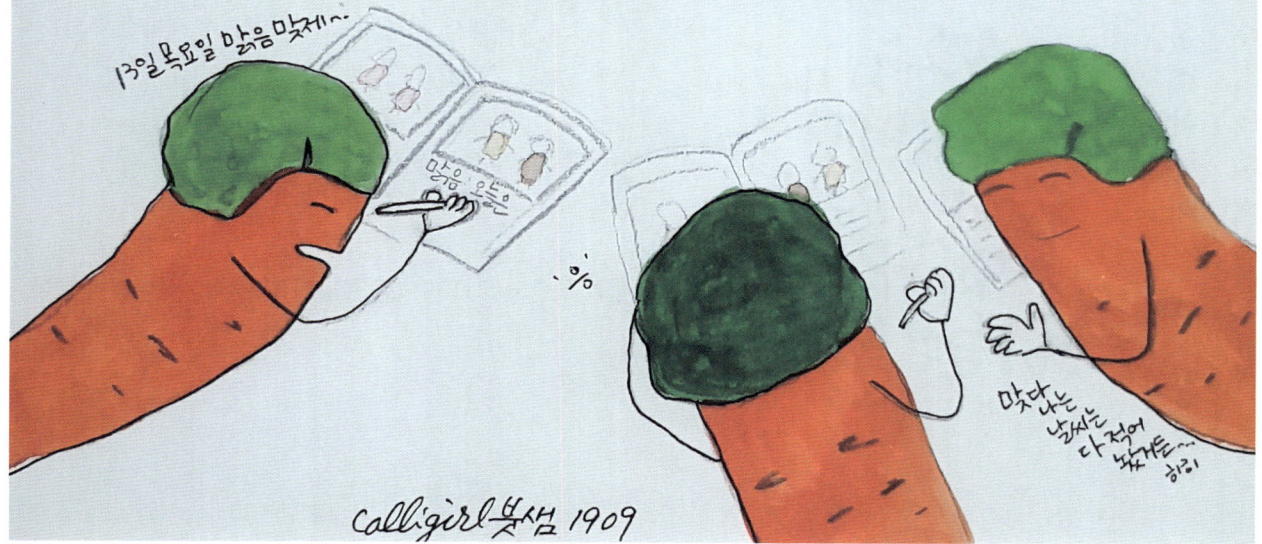

당근이의 봄·여름·가을·겨울 추억 이야기

따끈하게 데워진 돌 위에 앉아

마을 앞 개울가에 너나 할 것 없이 빨개 벗고 들어가
개헤엄 치고 물싸움도 하고 고무신으로 송사리도 잡고
물속으로 잠수해서 돌 줍기도 하고 입술이 새파랗게 되도록
물에서 놀다 한기를 느끼면

'따끈따끈하게 데워진 돌 위에 앉아
 몸도 데우고 옷도 말리고'

배고픈 줄도 모르고 여름 한나절을 물에서 살다시피 했다

그 개울가는 사라졌지만
추억은 그곳에 남아
우리를 행복하게 하네

Calligirl 뿡뿡.19.04.04

당근이의 봄·여름·가을·겨울 **추억 이야기**

누가 누가 멀리 가나

비 오는 날에는 마당은 발이 푹푹 빠지는 진흙탕이 된다
대문 옆 변소에 가려고 마당에 내려서면 몇 발짝 걷기도 전에
신발 밑창에 흙이 떡이 되어 달라붙는다
빗발이 줄어들면 뱀 같은 큰 지렁이가 마당 가득 미끄러지듯
기어 나와서 기겁을 하고 남동생들은 마루 끝에 서서

"누가 누가 멀리 가나"

오줌 멀리 누기 시합을 하곤 했다
초가지붕에서 떨어지는 물을 손으로 모으면 사마귀 생긴다고
하지 말라고 해도 비가 오면 손부터 내민다
지금도…

빗소리가 참좋다

똑 똑 똑 물이 떨어진다

하늘에 구멍이 났는지 비가 그칠
기미도 없이 많이 내리자
똑
똑
똑
천장에서 물이 떨어진다.
물받이로 그릇과 양동이 물을 받을 수 있는 것은
모두 동원되었다
여기저기 물이 새자 어머니는 아버지를 기다리며
걱정이 많으셨지만 철없는 우리들은 물그릇 받치고
닦아 내느라 신이 났었다

방안에도
비가 내린다
철없이 즐거웠던 장마

에고 에고 저 일을 우짜노

큰 보와 작은 보가 있는 어릴 적 내가 살던 동네는
장마철이면 둑이 터져 물난리가 났다
어느 해 강력한 태풍이 휩쓸고 지나가면서
둑이 터지고 집도 여러 채 떠내려가는 일이 생겼다

"에고 에고 저 일을 우짜노"

윗마을에서 물이 밀려 내려오면 마을이 들썩이며
둑방으로 사람들이 모였다
누런 황토물에 쓰러진 나무 가재도구랑 가축이
떠내려오면 안타까움에 탄성이 터지고 출렁이는 누런 황토물에
다리가 끊어질 듯 위태로워서 물이 얼마나 무서운지 알게 되었다
그 이후론 둑이 터지는 일은 없어졌다

누런 황토물이 밀려 내려오면 보는 사람 모두 간담이 서늘해진다

당근이의 봄·여름·가을·겨울 추억 이야기

뿌아앙~뿌앙 와~~~소독차다

대로변에서 들려오는 소독차 엔진소리는
아이들 함성소리, 뜀박질 소리와 함께
희고 매캐한 연기가 삽시간에 퍼져나간다
아래윗집 할 것 없이 창문을 활짝 열어 제치면
집안으로 매캐함이 가라앉는다
그 많던 똥파리와 모기는 어디로 숨었는지 보이지 않고
저녁 어스름에 소독차를 따라다닌 아이들 웃음소리와
울음소리가 연기처럼 피어오른다

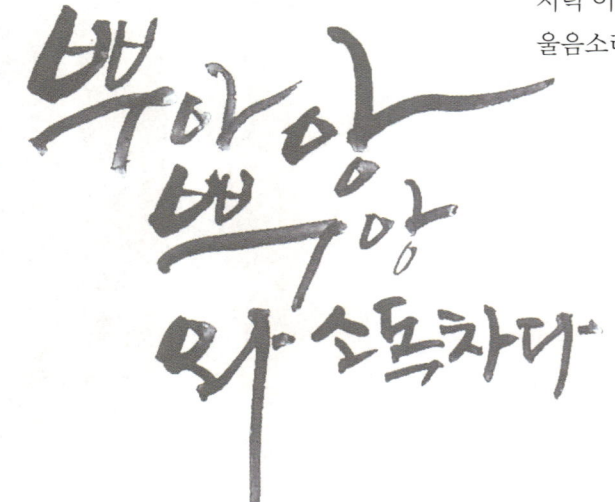

오
바
오
바
들
리
나
오
바

전화기가
몇대없던
시절에

"오바 오바 들리나 오바
 오바 오바 들린다 오바
 오바 오바 밥 먹었나 오바
 오바 오바 안 들린다 오바
 오바 오바 니는 바보다 오바
 뭐라꼬
 오바 오바 들리나 오바
 오바 오바 니도 바보다 오바"

서로 바보라 놀리면서 끝난 전화기 놀이

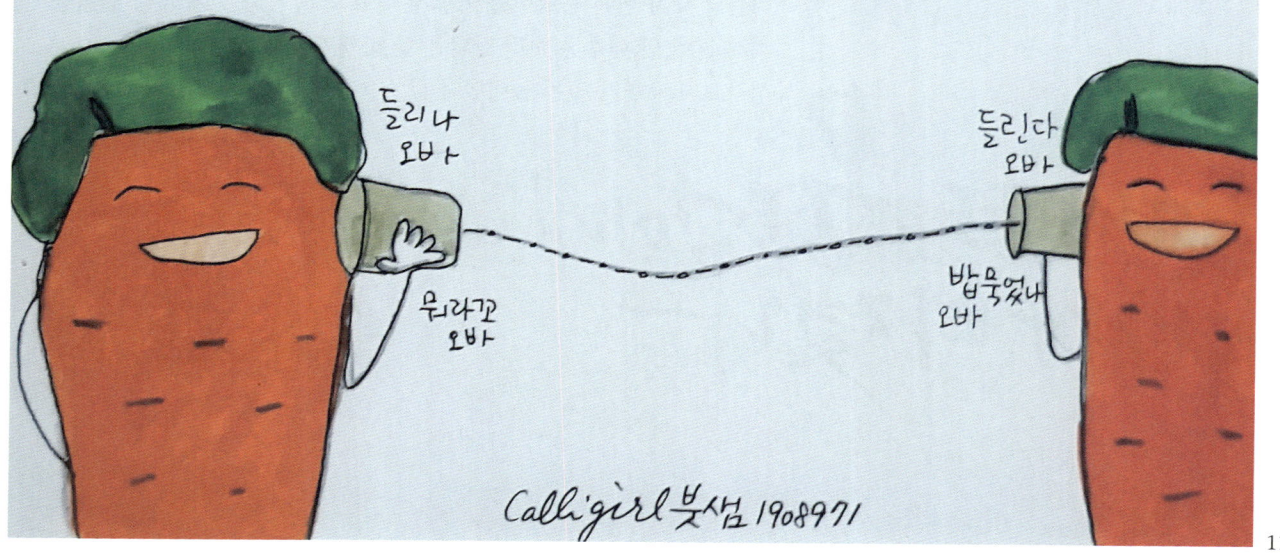

진흙탕 웅덩이

놀이가 시들해져 심심하면 누구 하나 골탕 먹일 생각으로 신이 나서
진흙탕 웅덩이를 만들어 맨 위에 마른 흙을 살살 뿌려두고
친구가 지나가길 기다리지만 그날따라 아무도 지나가지 않고
저녁밥 먹으라는 엄마 목소리에 뿔뿔이 흩어져 집으로 간다
다음날 내가 만든 웅덩이를 까맣게 잊고 학교 가는 길에 밟아 신발을
적셔 혼이 난 이후론 이런 장난은 안 하게 되었다
생각보다 재미가 없는 놀이였다

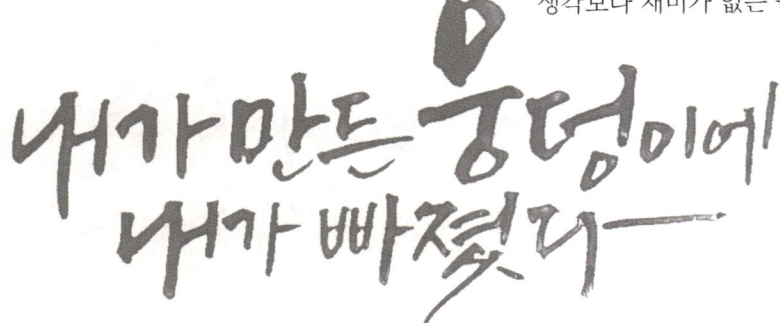

내가 만든 웅덩이에 내가 빠졌다

당근이의 봄·여름·가을·겨울 추억 이야기

얼레리 꼴레리~
누구누구는 좋아한대요~

학교 담장을 따라 크레용으로 적어 놓은
삐뚤삐뚤한 글씨들이 뒤엉켜 소사 아저씨가
일하시는 틈틈이 지워도 언제 적었는지
또다시 적혀있는 낙서는 전부 바보들뿐이다
운동장 끝 화장실 벽엔 빼곡하게 적혀 있는 사이에
누가누가 좋아한다는 낙서가 보이면

"얼레리 꼴레리
 누구누구는 좋아한대요~~~"

온동네 놀림감이 된다

당근이의 봄·여름·가을·겨울 추억 이야기

요요 붙어라

은행나무 아래에서 놀다 친구들이 많아지면
갑자기 누군가 큰소리로 노래를 부른다

"말타기 할 사람
 요 요 붙어라"

주먹 쥐고 엄지손가락 올리면 다음 사람이 잡고
또 엄지손가락을 올리고 할 사람이 다 모이고 나면
편 가르기를 한다

"편, 편 편을 가르자!!
 와 손등 우리 편, 손바닥은 너거 편
 한사람 남았는데 우짜노 남은 사람 깍두기"

무궁화 꽃이 피었습니다

"내가 술래할게 자 시작한다
무궁화꽃이 피었습니다
무
궁
화
꽃이 피었습니다
순이 나와
왜~~
움직이는 것 봤다
무궁화꽃이 피었습니다
무……

궁화 꽃이 피었습니다
와~~~도망가자
잡았다 니가 술래다"

무궁화 꽃이 피었습니다
무궁화 꽃이 피었습니다
무궁화 꽃이 피었습니다

예방주사 (불주사)

하나도 안 아프다
자꾸만 아파온다

아무런 예고도 없이 교실 문이 열리고
하얀 가운을 입은 의사와 간호사가 들어온다
순간 교실 안은 쥐죽은 듯 조용해지고 선생님은
수업을 중단하고 오늘 예방주사를 놓아주러 오셨다고
조용히 차례차례 앞으로 나오면 된다 하신다
교탁 위에 가방을 올리고 주사기를 꺼내 불에
달구는 순간 교실 안은 눈물바다가 되면서 아무도
먼저 맞으려 안 해서 난 주사는 겁이 안나 먼저 맞았다
아무렇지 않게 맞고 나자
뒤따라 맞고 온 친구는 눈물자국 지우며
"안 아프네~~"
라고 한다.
조금 지나니 주변에 열이 나면서 아파오기 시작했지만 참을 만했다

두려움을 극복해야
앞으로 나아갈수있다

당근이의
봄·여름·가을·겨울
추억 이야기

야~~ 언능 나오나 132
꼭꼭 씹어 먹어라 134
할매는 모를기다 136
우리 동네에 만화방이 생겼다 138
뻥이요~~ 140
얼굴 가득 껌이 붙어도 좋아라했다 142
꿈을 펼쳐라 144
골고루 나눠 주는 멋진 친구 146
똥 침을 받아라! 148
국군 아저씨께 150
줄넘기 시험 152
금강산 찾아가자 일만이천봉 154
왁 156
나는 바보 158
오래 매달리기 160
코스모스 꽃길 162
가을 소풍 장기자랑 164
오자미 두 개씩 166
운동회의 꽃 이어달리기 168
훠이~~훠이 170
탈 탈 탈 172
나도 따라 콩닥콩닥 174
국어 대사전 176
맨발로 다닐 줄 알아라! 178
아폴로 사진 찍어요! 180
개꿈 182
알밤 줍기 184
손가락 푹 찔러 빨아 먹은 186
꼬마야 꼬마야 188

소녀붓샘의
어린 시절 추억 일기장!

야~ 언능 나온나

개구멍은
개보다
사람이많이
다닌다~

"여기 개구명 있는 거 우째 알았노?
6학년 선배가 어제 보니 일루 다니더라~
잘 막아 놔야 소사아저씨에게 안 들키고 갔다 오지
들키면 알제 교무실로 끌려가 혼난다.

야~~ 언능 나온나

우리 뭐 사 먹을래 이것저것 사 먹고
종례 전에 들어가면 아무도 모를 기다."

꼭꼭 씹어 먹어라

밭둑에 옥수수를 심어 옥수수 대는 소여물로 주고
옥수수가 익으면 손주들 주려고 기다린 울 할매는
사카린 한 숟가락을 넣고 가마솥에 푹 삶아 주셨다
평상 옆에 모기불도 피우고 잘 삶아진 옥수수를 주시며

"꼭꼭 씹어 먹어라"

먹는 모습만 봐도 기분 좋다시며 부채질을 해 주시고
말린 옥수수 대궁이는 효자손이 되어 할매 등을
시원하게 긁고 있었다.

> 모기불 피워놓고
> 옥수수 먹는
> 모습만 봐도
> 좋다시던 할매

할매는 모르기다

아버지는 포도 과수원을 하셨다
포도 과수원 안에 우물이 있어 아침에 일어나 세수하러 갈 때면
주렁주렁 달린 포도를 그냥 지나칠 수 없었다

"저거 새카맣네 하나 따 먹자
 할매가 따지 마라 했는데
 한 개는 괘안타 따 묵자 할매는 모르기다
 와 달다 언니도 하나 따 무라"

오며가며 하나씩 따 먹다
결국에는 할매에게 들켜 야단을 많이 맞았다

오며가며
따 먹은 포도 한 알
얼마나
맛있는지
할매는 모르기다

우리 동네에 만화방이 생겼다

만화방이
생겼다
출입금지구역이
되었다

우리 동네에 만화방이 생겼다
만화방에 가서 보면 내 것만 봐야 하지만
빌려오면 같이 볼 수 있어 좋았다
옆집 언니와 나는 만화책을 빌려 와 돌려가며
보곤 했다
인기가 있는 만화책은 차례가 될 때까지 한참
기다려야 했는데 항상 중요 장면에서 끝나
다음 편으로 넘겨 궁금하게 했다 이후 만화방은
금지구역이 되었다

뻥이요~

오일장 초입에 들어서면
번지는 고소한 냄새와 함께

"뻥이요~~"

귀청이 터질 듯한 소리가 들린다
하얀 쌀 박상(쌀 튀밥)이 쏟아져 내리면
이때다 싶어 가까이 다가서면 아저씨가
한주먹 집어 주신다
따뜻하고 고소한 튀밥에
배실배실 웃음이 절로 난다

그냥좋아

뻥이요~~

뻥!!

엄마야

Calligirl 북샘 1909

당근이의 봄·여름·가을·겨울 추억 이야기

얼굴 가득 껌이 붙어도 좋아라 했다

용돈으로 색색깔 풍선껌을 하나 사면 동생이랑 하루 종일
풍선 만들기를 했는데 어쩌다 코를 덮고도 남을 만큼 크게 불어
자랑하다 얼굴 가득 껌이 붙어도 좋아라 했다
엄마 말씀 안 듣고 씹다 잠들어 머리카락에 껌이 붙어서
얼음으로 떼보고 기름으로 떼보고 해도 안 떨어지면
다음날 눈물 찔끔 흘리며 머리카락을 잘라야 했다
그 이후론 잠잘 때는 꼭 벽지나 문지방 구석에 붙여 놓고
다음날 떼서 또 씹었다
껌이 새카맣게 될 때까지

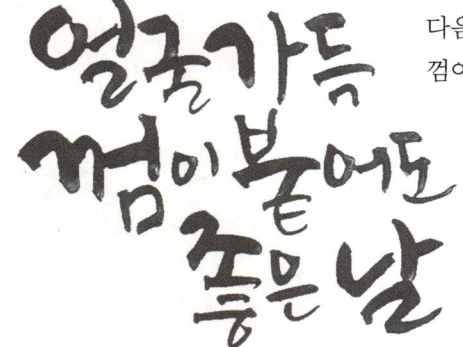

오늘 미룬 일에 자신감을 가져라

엄청 크게 놀 수 있다

오잉~ 새로나온 껌이네

나도있다 구슬껌

뽁!!

당근이의 봄·여름·가을·겨울 추억 이야기

꿈을 펼쳐라

대나무를 잘라 와서 쪼개고 다듬어 연살을 준비하고
밥풀로 단단히 붙여 방패연을 만든다
바람이 많이 부는 둑에 올라가 연날리기를 하면 기분이 좋아진다
처음 시작할 때는 잡아 주거나 빨리 뛰어서
연이 떠오르기만 하면 된다
길 건너 애들과 만나면 연줄 끊기 시합을 하는데
줄이 끊어져 연도 잃어버린 날에는 다짐을 한다

"다음엔 더 튼튼한 연을 만들어 가서
코를 납작하게 해줘야지"

하늘끝에 닿일듯이
높이 올라간 연에
나의 소망을 띄운다

골고루 나눠 주는 멋진 친구

산을 넘어
학교에 다녀도
친구먼저
생각하는
멋진 친구

일요일 칡 캐느라 숙제를 못 해와서
다른 친구의 숙제를 대충 베끼고 조회가 시작되기 전에
가방에 넣어 온 굵은 칡을 꺼내 작은 톱으로 잘라
반 친구들 골고루 나눠 주던 멋진 친구
어디서 발견해서 어떻게 캤는지 암수 구분은 어떻게 하는지
우리는 달달 쌉싸름한 칡을 씹으며 궁금한 게 많았고
친구는 어제의 무용담을 말하기 바빴다

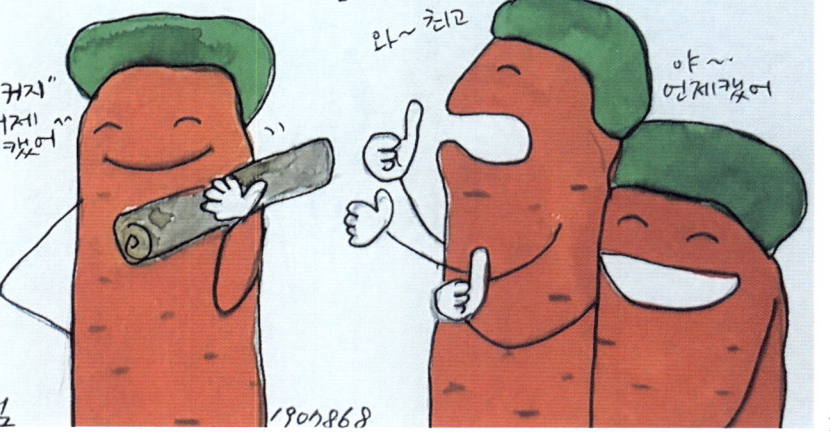

똥 침을 받아라!

"가위
 바위
 보
 묵찌빠 빠"

한창 묵찌빠를 하는데 조용히 뒤에 다가와
똥 침을 놓는다.

"으읍~~"
기습공격에 당했다
니 오늘 잡히면 죽는다 달려가지만 수업종이 울려
제자리로 돌아 와야만 했다

"다음 시간에 보자"

국군 아저씨께

국군 아저씨께
나라를 지켜주셔서
감사합니다

나라를 지켜 주시는 국군 아저씨께 위문 편지를
보내는 날 편지지에 정성 들여 적어 내려가다
틀리면 습관적으로 침을 묻혀 쓱쓱 문지르다
지우개를 빌려 지웠다 얼룩덜룩 손때가 묻은
위문 편지였지만 감사의 마음은 꾹꾹 눌러 적었다

고마움을 표현하는것

Calligirl 붓샘 1910 "쉬운편지"

당근이의 봄·여름·가을·겨울 추억 이야기

줄넘기 시험

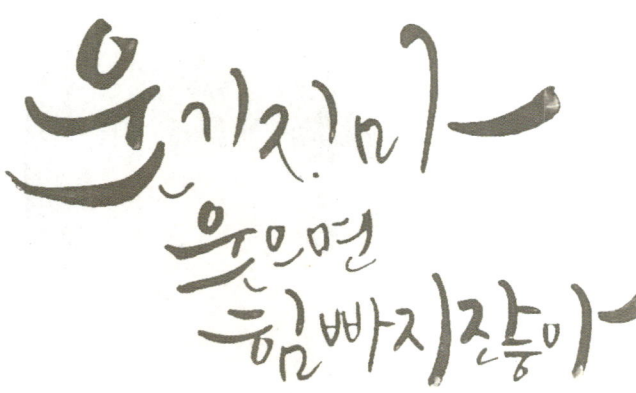

체육 시험이 줄넘기로 정해지자 친구들과
운동장에 모여 잘할 때까지 연습을 했다
어느 정도 된다 싶으면 편 갈라서 줄 당기기
놀이를 했는데 다른 편 친구가 자꾸
웃겨서 힘이 빠지는 바람에 웃다 지곤 했다
이렇게 연습한 덕분에 시험은 무사히 치렀다

빛나라 청춘

금강산 찾아가자~ 일만이천봉

까만 고무줄을 가지고 오는 날은 모두 고무줄 놀이를 했다
노래에 맞춰 깡충깡충 뛴다

"금강산 찾아가자 일만이천봉"

최고 단계인 머리 위에 고무줄을 대는 것은
아무나 할 수 없었다
발을 힘껏 차며 뛰어올라야 될까 말까 하지만 난
큰 키 덕분에 비교적 수월하게 하곤 했다

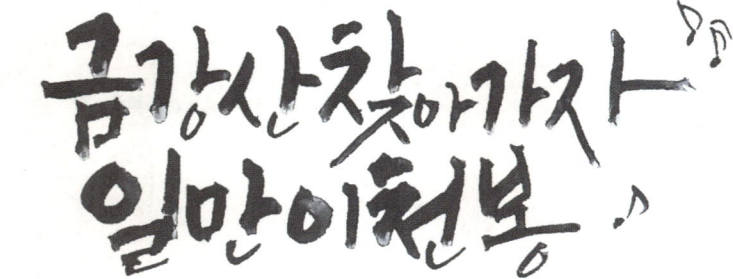

지금도
기억속의 너도
별처럼 빛나

왁

"왁
 엄마야~
 놀랬지 우하하하
 야! 이 머시마야
 간 떨어지는 줄 알았다"

나는 바보

"쉬이~ 쉬
 우리 오늘 학교 마치고 고무줄 할래?"

딴청 부리며 다가가서 등 뒤에 바보라고
적힌 쪽지를 붙여준다
배실배실 서로 보고 웃었는데
아뿔싸 내 등에도 언제 붙였는지
나는 바보라고 떡하니 붙어 있었다

오래 매달리기

안간힘 쓰며
매달려도
겨우 몇 초 지나
떨어지는데
그 친구는 어디서
그런 힘이 나왔을까

6학년이 되자 체육시간에 철봉에 오래 매달리기를 했다
철봉을 잡고 진짜 오래 매달려 있었는데 에게 겨우 6초
그때 우리 반에 깡마른 체구에 운동신경이 뛰어난 친구는
얼굴 한번 찡그리지 않고 시간을 다 채우고도
선생님이 내려오랄 때까지 매달려 있었다
어디서 그런 힘이 나오는지 대단한 친구가 그저 부러웠다

코스모스 꽃길

편지 봉투 하나 가득 코스모스 씨앗을 받아
제출하는 숙제가 있었는데 고속도로 옆에 씨를
뿌린다고 많이 받아오라 하셨다
코스모스 하늘거리는 꽃길로 몰려다니며
순전히 숙제 핑계로 가을 들판으로 놀러 다녔다

코스모스 하늘거리는 꽃길

가을 소풍 장기자랑

점심으로 싸 간 김밥을 둘러앉아 먹고 난 후
각반 대표가 나와 춤과 노래 경연대회를 한다
우리 반은 선생님과 카세트 음악에 맞춰 연습한 디스코 춤을 추었고
다른 반도 춤과 노래 불렀다
일등을 하자 기분 좋은 선생님께서 짜장면을 사주셨다

동요보다는
유행가를
더 좋아했던
반짝이는 우리들

오자미 두 개씩

**구멍난 양말에
곡식을 넣어 만든
오자미 두 개**

가을 운동회 며칠 전부터 오자미 두 개씩
만들어 오라는 숙제를 내주셨다
구멍 난 양말에 보리쌀 한 줌 넣고 다 떨어진
옷 귀퉁이 잘라 콩 한 줌 넣어 두 개 만들었다
청백으로 나뉘어 바구니에 오자미 던져 넣기를
했는데 아무리 세게 던져도 잘 들어가지 않고
오자미에 맞기라도 하면 제법 아팠다

추억을
마음에
반짝이는
별

calligirl붓샘 "오자미"

당근이의 봄·여름·가을·겨울 추억 이야기

운동회의 꽃~ 이어달리기

목이 터져라~
응원을 하고
이어달리기도
이겨서 받은
공책 두 권

4학년부터 6학년까지 각 학년 대표들이 나와
이어달리기를 시작하면 응원전이 극에 달한다
어쩌다 바통이라도 놓치면 난리가 나고
넘어지지 않고 우리 편이 이기기를 목이 터져라
응원을 한다. 언제나 운동회의 꽃은 이어달리기이다

당근이의 봄·여름·가을·겨울 추억 이야기

휘이~휘이

허수아비가
두팔벌려 반기는
참새들은 떼지어
날아오르는
논둑길을 힘차게
달려간다

단팥빵 하나씩 주머니 넣고
깡통과 막대기를 챙겨 우리 집 논으로
새를 쫓으러 간다
허수아비가 팔 벌려 반기는 곳에 참새들이
떼 지어 날아오르는 게 보이면 우리 논에
닿기도 전에

"휘이 휘이~~"

깡통을 두드리며
논둑길을 달려갔다

탈 탈 탈

삼촌과 아버지가 발맞추어 탈곡기를 돌리면
볏단에서 나락이 떨어져 내린다.
옆에서는 할매가 키질로 낱알을 골라내시고
탈곡이 끝난 짚단은 한곳에 차곡차곡 쌓기 위해
우리도 짚단을 날랐다
탈
탈
탈
저녁 늦게까지 이어진 소리 온 집안에 퍼진 나락 냄새
온 식구의 얼굴에 번진 미소가 고단함을 잊게 했다

> 탈탈탈
> 탈곡기 소리는
> 저녁늦게까지
> 이어지고
> 나락떨어지는
> 소리에
> 고단함이 사라진다

당근이의 봄·여름·가을·겨울 추억 이야기

나 도 따라 콩닥콩닥

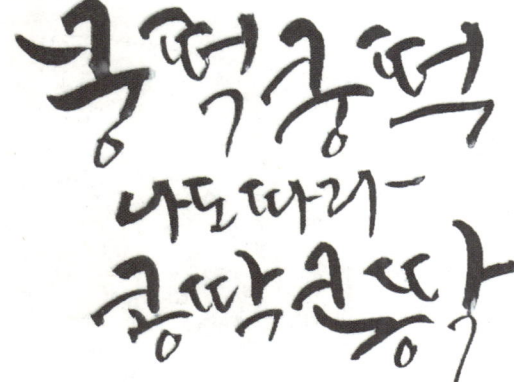

집안 행사가 있는 날에는 할머니 댁에 모여
마당에 멍석을 깔고 찰떡 만들 준비를 한다
떡 뒤집는 일은 큰어머니가 도맡아 하시고
할매는 떡고물 준비를 하셨다
아버지 형제분들이 돌아가며 떡메를 치셨는데
쿵떡
쿵떡
떡이 되어 가는 모습에 기분이 좋아서
나도 따라 콩딱콩딱

당근이의 봄·여름·가을·겨울 추억 이야기

국어 대사전

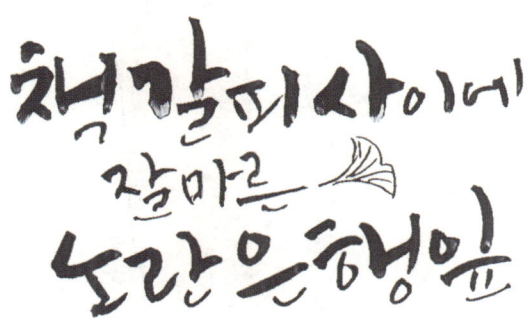

내가 다니던 학교 운동장에는 수령이 오래된 은행나무가 있는데
일찍 등교하면 방금 떨어지는 은행잎을 맘껏 주울 수 있었다
가장 두꺼운 국어 대사전 안에 은행잎을 끼워 넣고
예쁘게 마르기를 기다리고 잘 마른 은행잎에 글씨를 적어
친구에게 선물도 하고 넣어 둔 걸 잊고 있다 발견하기도 하고
은행잎은 언제 봐도 예쁘다

당근이의 봄·여름·가을·겨울 추억 이야기

맨발로 다닐 줄 알아라!

내가 찢은 고무신에
천을 덧대 꿰매
일할때 신고다니신
울할매
용돈모아 백화표 흰고무신
사다드렸다

옆집 철이 녀석 운동화 자랑을 얼마나 하는지
신고 싶은 마음에 시멘트 바닥에 문질렀다
질긴 검정고무신은 잘 떨어지지 않아 연필 칼로
뒤축을 쭈욱 그어 버렸다
이젠 운동화 사 주시겠지

"한번만 더 이런 짓 하면 맨발로 다닐 줄 알아라!"

고무신을 보신 어머니는 호통과 함께 회초리를 드셨다
다음 장날 운동화가 생겼지만 마음이 썩 좋지 않았다
내가 찢은 고무신에 천을 덧대신고 다니는 할매를 보고
다시는 안 하겠다고 다짐하고 다짐했다

아폴로 사진 찍어요!

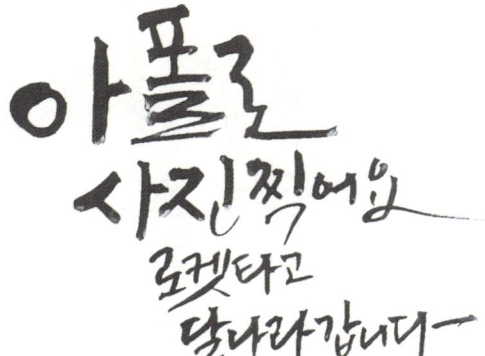

아폴로 13호가 달 착륙을 하고 몇 해 지난 어느 날
골목 안이 시끌벅적한 소리에 사람들이 하나둘 모여들었다
장날에 맞춰 사진사 아저씨가 동네에 오신 것이다

"사진이요 사진 아폴로 사진 찍어요! 사진~~"

골목 담벼락에 흰 천을 걸쳐두고 의자를 놓자 엄마 손에 이끌려
온 어린 남자애들은 모두 사진을 찍었다
다음 장날에 사진을 가져오고 사진값으로 돈이나
곡식으로 받아 갔다
사진 속에는 어색하게 웃으며 로켓트를 탄 동생이 있었다.

당근이의 봄·여름·가을·겨울 추억 이야기

개꿈

개꿈 - 붓샘현숙

좋아서 깡충대다
개울에 빠졌다네

동동동 떠내려간
새로 산 내 운동화

손으로 잡을 수 없어
울다 깨니 꿈이네

명절이 다가오면 새 옷과 새로 신발을 미리 사 주셨다
볼 때마다 기분이 좋아서 매일 쓰다듬고 신발은 방안에서 살짝
신어보고 물려받은 언니 옷이 아닌 새 옷이라 마냥 좋았다

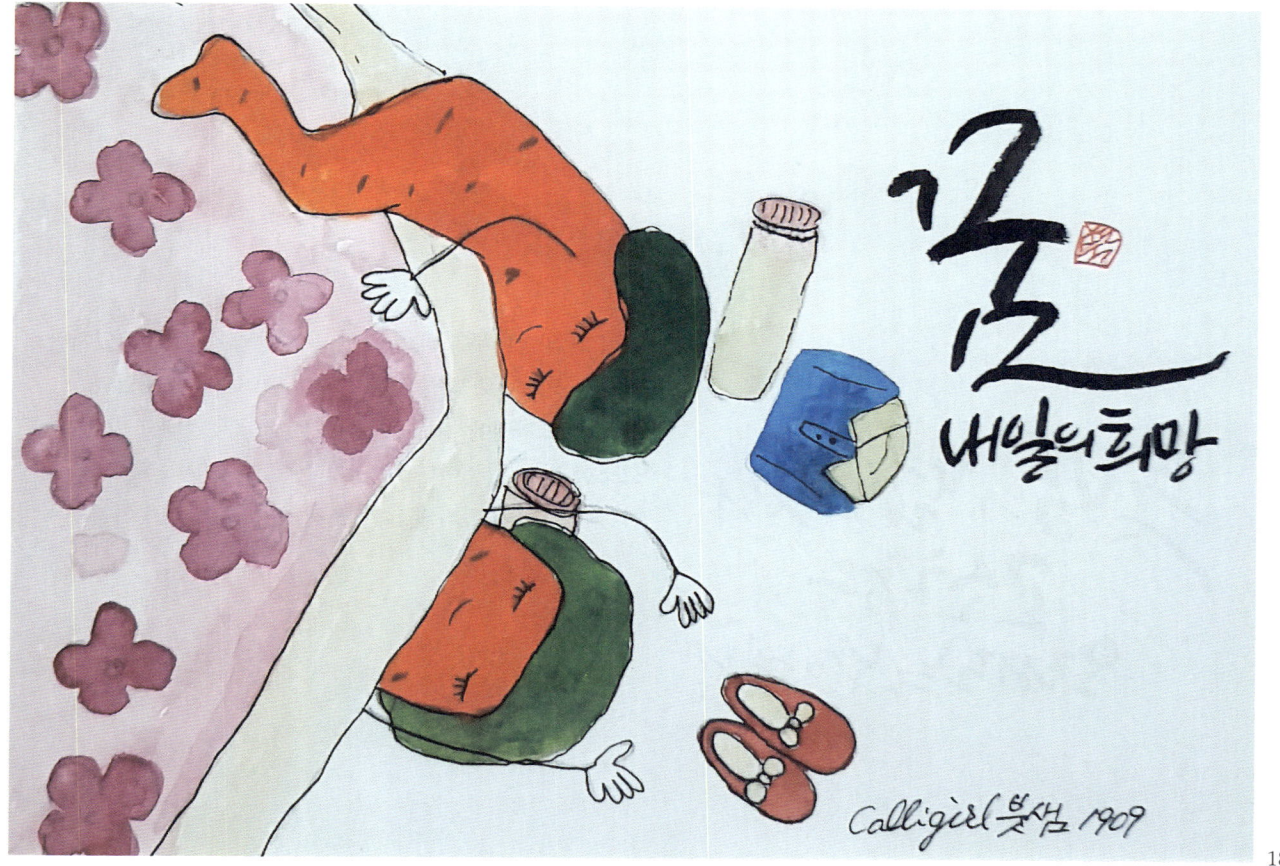

당근이의 봄·여름·가을·겨울 추억 이야기

알밤 줍기

풋밤의 떫은 맛과
고소함은
오래도록 남아있다

아침 일찍 밤나무 아래에 가면 떨어진 밤을 주울 수 있지만
대나무 작대기로 털면 알밤이 많이 떨어지니까 좋았다
풋밤은 그 자리에서 보내를 이빨로 살살 벗겨내고 먹으면
고소한 맛이 일품이다
밤송이 가시에 찔리지 않게 조심하고 밤 주우러 가자~

*보내-밤속껍질로 울산 사투리

당근이의 봄 여름 가을 겨울 추억 이야기

185

손가락 푹 찔러 빨아 먹은

꿀맛 꿀맛이다

할매 벽장 속엔 보물이 숨겨져 있다
궁금했던 우리 남매는 할매가 밭일 가시고 나서
몰래 그곳을 열어 보기로 했다
내가 엎드리고 동생이 등을 밟고 올라선 그곳에
맨 먼저 눈에 띈 것이 약단지였다
약이라 숨겨두신 단지에는
꿀이 들어 있는 걸 알기에 조심스레 내려
손가락 푹 찔러 빨아 먹은 꿀맛은 정말 꿀맛이었다.
그날 저녁에는 벌에 쏘인 것보다 아프게 회초리를 맞았다

당근이의 봄·여름·가을·겨울 추억 이야기

꼬마야 꼬마야

"꼬마야 꼬마야 땅을 짚어라
꼬마야 꼬마야 뒤로 돌아라
꼬마야 꼬마야 만세를 불러라
꼬마야 꼬마야 잘 가거라"

길고 굵은 줄을 가져와 단체줄넘기를 할 때면
노래소리 장단에 맞춰 여럿이 해야 하니까
줄을 잘 돌리는 친구가 도맡아 돌리곤 했는데
줄이 길어서 힘과 요령이 부족하면 돌리기 힘들고
그럼 재미가 없어 못 돌리는 친구는 매번 줄을 챙겨왔다

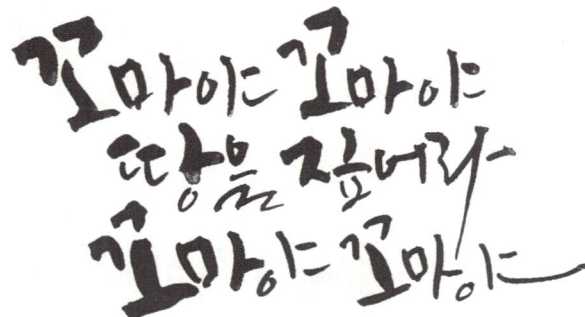

당근이의
봄·여름·가을·겨울
추억 이야기

호롱불 아래 192
고물장수 194
분홍 소시지 반찬 196
난로 위의 도시락 198
계란 후라이가 없다 200
하라는 공부는 안하고 202
까만 건 글씨요 흰 건 종이라 204
부럽기만 하여라 206
참빗질 208
잡히기만 해봐라 210
까마귀가 친구하자 하겠다 212
국수 나온다 214
술빵에는 술이 들어간다 216
많아도 너무 많은 218
엄마한테 맡겨라 220
불장난하면 이불에 오줌싼다 222
밍크담요 이불 224
꼭 꼭 숨어라 226
엄마는 모르실거야 228
연탄불 좀 빌리 주이소 230
동치미 국물 232
조심하이소 234
아버지한테 일러 줄기다 236
안 씹다 입을 크게 아 해라 238
달집에 불이야 240
고드름 고드름 수정 고드름 242
팽이치기 244
엿이요 엿 246
벙어리 장갑 248
크리스마스 250
주걱 떡 252
달님 소원을 들어 주세요 254

소녀붓샘의
어린 시절 추억 일기장! _____

호롱불 아래

까뭇까뭇한 호롱불 아래 졸린 눈을 비비면서
아랫목에 누워 있으면 구멍 난 양말을 꿰매시는 엄마와
한켠에서 새끼줄 꼬는 아버지, 두 분의 두런두런
얘기 소리에 오는 잠을 아무리 쫓으려 해도 나도 모르게
잠이 들었다

고물장수

입안에
단맛이 채
가시기도전에
회초리
매운맛을 보았다

"고물
고물
엿 바꿔~~
아저씨 이것도 엿 줍니꺼
주기는 주는데 다음에는 댓 병 갖꼬 온나
그라면 마이 주께"

다 떨어진 줄 알고 아버지 신발을 엿 바꿔 먹었다
입안에 단맛이 채 가시기도 전에 회초리 매운맛을 봤다

분홍 소시지 반찬

즐거운
점심시간
분홍소시지 반찬에
계란후라이

심각한 보릿고개를 겪은 세대는 아니지만
도시락을 못 싸 오는 친구도 있었다
그래서 도시락 두 개 싸 간 적이 많다
어쩌다 고구마라도 싸 오면 친구는 부끄러워
꺼내 놓지 않으려 했지만 우린 서로 나눠 먹고
계란 후라이라도 싸가거나 분홍소시지 반찬을
가져가면 하나씩 집어가고 나면 정작 내 것이
없을 때도 있었다
집에서 안 먹고 싸 온 건데~

너에겐
아픈기억일수 있지만
좋은추억으로
기억하자
친구야~
으…응 당근이쥐
흥 돼지 반찬
와~ 고구마다 내꺼랑 바꿔먹자
Calligirl
1905398

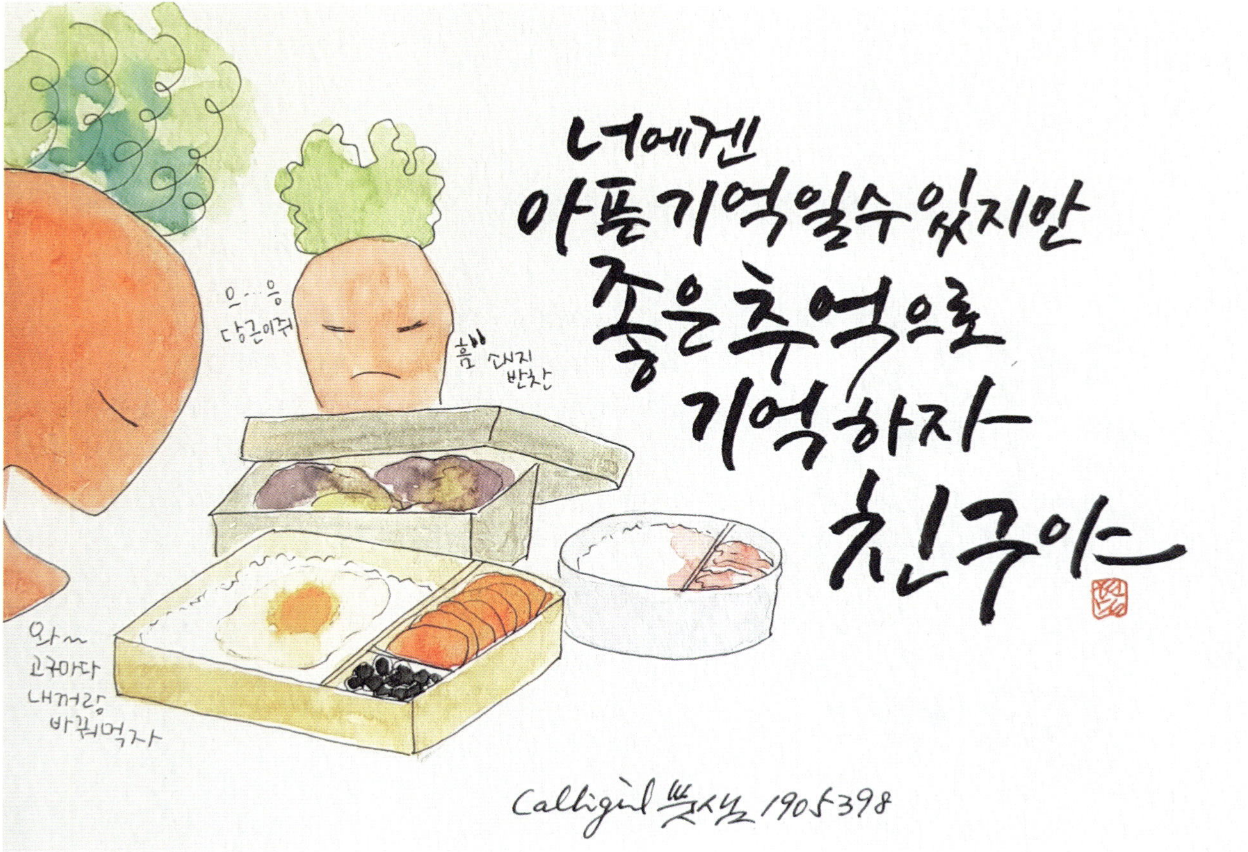

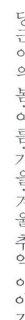

난로 위의 도시락

난로위의
도시락
교실가득
시큼텁텁한
김치냄새

노란 양은 도시락에는 혼 분식 장려정책으로
쌀과 보리 비율을 7:3 또는 6:4로 섞어 싸가야 했다
난로 위에 얹어 놓고 따뜻하게 데워 먹었는데 아래위를 돌려가며
위치를 바꿔도 뜨거운 열기에 밑에 있는 도시락에서 신 김치 냄새가
스물 스물 올라와 교실 안이 시큼 텁텁한 냄새가 난다
4학년 때 보온 도시락이 나온 이후로 양은 도시락이 차츰 사라졌다

마음이
따뜻해지는
시간

당근이의 봄·여름·가을·겨울 추억 이야기

계란 후라이가 없다

오늘도 어김없이 포크하나 들고 나타나겠지
어쩐다?
도시락 뚜껑을 열어보니 계란후라이가 없다
울 엄마가 깜박했나 보네 계란후라이가 없다
계란후라이가 없는 걸 확인 한 녀석은 다른 곳으로
자리를 옮기고 밥을 먹기 시작했는데
도시락 바닥에 계란후라이를 넣어 주서서
혼자 다 먹을 수 있었다
"요건 몰랐지"

계란후라이는 도시락바닥에 있다

당근이의 봄·여름·가을·겨울 추억 이야기

201

하라는 공부는 안 하고

하라는공부는
안하고
가방안에는
딱지만
가득

종이가 귀하던 시절 신문과 달력은 변소 문에 걸리고
어쩌다 신문 사이에 끼워 온 전단지는 내 차지가 되어 딱지를 접는다.
골목으로 나가 딱지치기를 하다 다 잃은 날에는 엄마 몰래
공책 뒷장을 뜯어 딱지를 만들어 기어이 따오고 만다.
울 엄마는 우째 아셨는지~~ 한숨을 내쉬며 나지막이 내뱉은 말

"하라는 공부는 안 하고 공책으로 딱지를 만들다니"

오늘도 어김없이 손들고 반성의 시간을 가졌다

당근이의 봄 여름 가을 겨울 추억 이야기

까만 건 글씨요 흰 건 종이라

까만건 글씨요
흰건 종이라-
후회는 항상 늦은 법이고
실수는 반복하면서 성장한다

시험은 왜 이리 빨리 닥치는지
시험지를 받아 든 순간 까만 건 글씨요 흰 건 종이라~~
공부한 게 없으니 죄다 모르겠고
후회는 항상 늦은 법이니 이번엔 찍어서라도
답은 다 적어 내고 내일부터 열심히 해야지
이젠 엄마에게 혼날 일만 남았다

부럽기만 하여라

너에게만 멋진 안경

칠판 글씨가 안 보여서 앞자리로 옮긴 친구가
어느 날 안경을 끼고 왔다
눈이 갑자기 나빠져서 글씨도 안보였는데
눈앞이 환해서 너무 좋단다
안경 쓰니까 진짜로 공부 잘하는 학생 같아 보여
한번 써보니 눈앞이 뱅뱅 돌아 도저히 안 되겠네
그저 멋져 보여서 부럽기만 했다

참빗질

주인의 허락따위
아랑곳 하지않고
발딍숲골목마다
줄줄이 무전취식
참빗질 퇴거명령에
피터지는 난리통
강제진압 – 현숙

어디서 옮았는지 새까리를 한 명이 옮아오면
온 가족 머리에 새까리(머릿이)가 많이 생기기 전에
남동생은 삭발을 해버리고, 나는 밝은 백열등 아래 누워
참빗으로 빗어 잡아 터뜨려 죽이면 뻘건 피가 나왔다

"톡
 톡
 얼마나 피를 빨았으면 통통하다"

머리 밑이 아프도록 참빗질을 해서 죽정이까지 다 없애주셨다

당근이의 봄 여름 가을 겨울 추억 이야기

잡히기만 해봐라

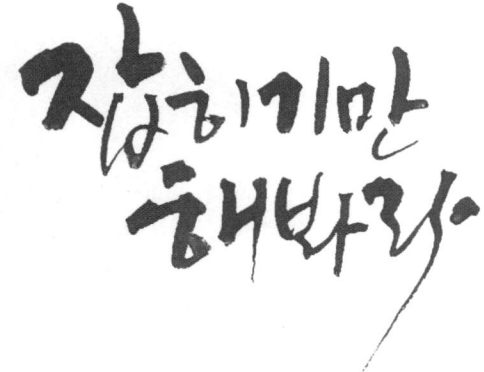

"띵동 띵동
 누구세요
 뛰어~~
 또 장난이네
 누군지 잡히기만 해봐라~"

초인종이 하나 둘 생겨날 때 반가운 초인종 소리에
손님이 오셨나 나와보니 장난이면 약 오르지만
이런 장난 한번 안 해본 사람이 있을까

까마귀가 친구하자 하겠다

날씨가 풀렸어도 추운 건 별반 차이가 없어
씻기 싫어 이불 뒤집어쓰고 있으면 엄마는
잔소리를 하시며 방안으로 따뜻한 물을 세숫대야에
담아 들고 들어와서 닦아 주신다

"아이고 까마귀가 친구하자 하겠다
 흥해라
 흥~
 흥~~
 흥~~~"

당근이의 봄·여름·가을·겨울 추억 이야기

국수 나온다

부엌에 있는 가마솥에 물을 가득 끓여서
빨간 대야에 한사람씩 차례로 목욕하는 날이면
이태리타올로 때를 박박 밀면서 하시는 말

"국수 나온다~"

소리와 함께 새카만 때가 물위에 둥둥 떠오른다
간지러워 몸이라도 틀면 등짝을 한대 맞는다
손가락이 통통 불어 쪼글쪼글해지고 볼이 빨개지면
목욕이 끝이 난다
엄마는 기운이 어디서 나와서 사남매를 다 씻겼을까

술빵에는 술이 들어간다

붕어빵에는
붕어가 없지만
술빵에는
술이들어
간다

솜씨 좋았던 옆집 철이 엄마는 먹다 남긴 막걸리로
빵을 만들어 주셨다
처음에 술빵이라고 많이 먹으면 술에 취한다는 말에
조금만 맛보려고 했는데 금방 쪄낸 따끈한 찐빵에
드문드문 양대콩이 박혀있고 달달하니 너무 맛있었다.
거짓말같이 많이 먹어도 취하지 않았다

많아도 너무 많은

부모님의 유전자를 물려받아
나도 많아도 너무 많은 흰머리
철없던 시절에 용돈벌이 한다고 참 좋아라 했는데

"흰머리 한개 1원 아니다 10개 뽑으면 10원 줄게
 그 대신 까만 머리 뽑으면 두개 뺀다."

엄마의 흰머리는 뽑아도 뽑아도 자꾸 생겨서
흰머리 생길때마다 너희가 말 안 들어 생긴다는 말을
많이 들었다
뽑고 또 뽑다 보니 이제는 머리 밑이 훤해져서
나에겐 절대 흰머리 뽑지 말라셨다
대머리 될 수 있다고

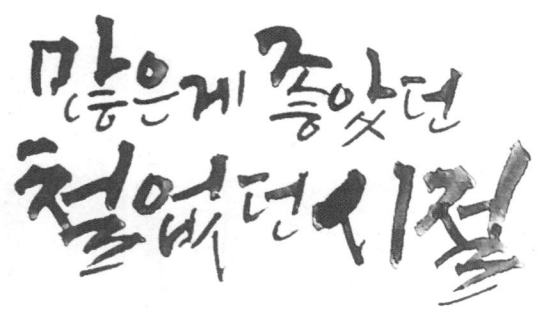

소소한 행복

" 언제나 시작은 작은것부터 "

안해 십원~
새치 한개 1원~ 그래
열개 십원 댔지

Calligirl 못생

당근이의 봄 여름 가을 겨울 추억 이야기

엄마한테 맡겨라

특별한 날이거나 장날이면 종종 친척어른이 집에 오셨다
방안에 자리를 하시면 마루에서 큰절을 올린다.
책 사 봐라는 말씀과 함께 용돈을 주시려 하면
어머니는 연신 이렇게 큰돈은 안 주셔도 됩니다~
괜찮습니다~ 하신다.
겨우 받아 든 용돈은 그 자리에서 엄마에게 맡겨진다.

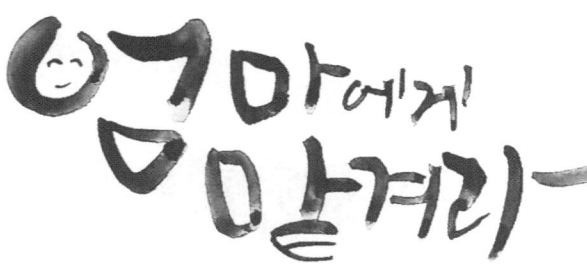

당근이의 봄·여름·가을·겨울 추억 이야기

불장난하면 이불에 오줌싼다

겨울방학 할머니 댁에 가면 저녁이면 화로에 숯을 채워
감자나 고구마 밤을 구워 주시곤 했는데 하루는
나도 해보고 싶어 밤을 그냥 숯불에 넣고 기다리다
밤이 튀어 화상을 입을 뻔한 적이 있다
그 이후론 불장난하면 이불에 오줌 싼다며
불 가까이 못 오게 하셨다

여유로운
기다림이
필요한때

좀만
기다려라
냄새가
죽제

와
빨리
안익노

쇠벌심캘리

당근이의 봄여름가을겨울 추억 이야기

밍크담요 이불

외상 할부로 구입한 밍크담요 이불
동네에 없는 집이 없을 정도로 똑같은 밍크담요가 유행이었다.
그동안 덮었던 묵직한 목화솜 이불보다 가볍고 꽃무늬도 화려하고
무엇보다 보들보들 감촉이 단연 최고였다
우리 사남매는 서로 많이 덮으려고 잡아당기며 한 이불 덮고 자랐다

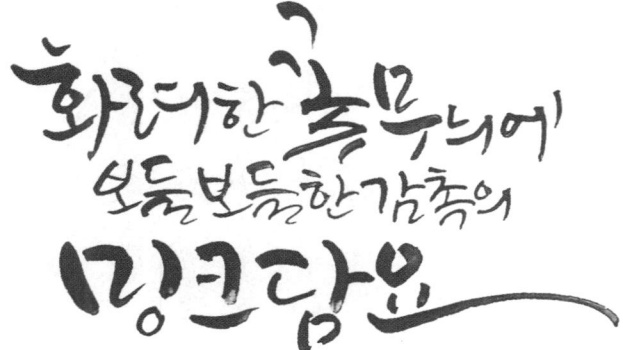

화려한 꽃무늬에
보들보들한 감촉의
밍크담요

꼭 꼭 숨어라

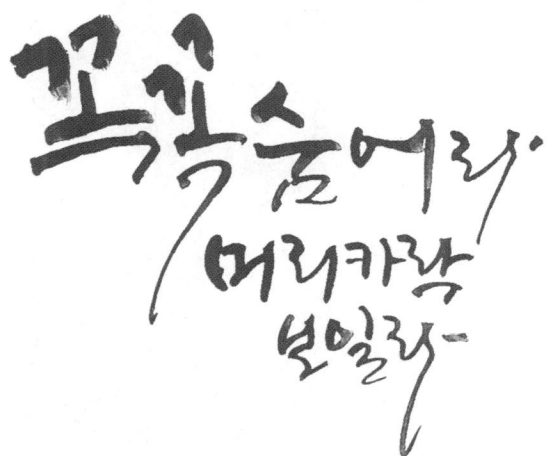

"꼭 꼭 숨어라
 머리카락 보일라
 꼭꼭 숨어라
 다 숨었나?~ 간다!"

장독대에 숨은 순이는 쉽게 찾았는데
돌이는 어디에 숨었는지 아무리 찾아도
안 보인다.
잘 못 찾으면 순이가 살짝 가르쳐 준다

"연탄광에 돌이 있다~~"

엄마는 모르실거야

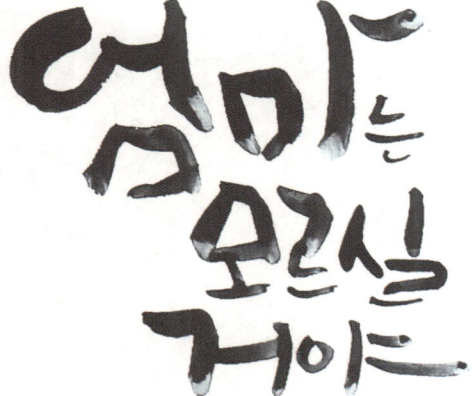

국자에 설탕 두 숟가락 붓고 젓가락으로 가장자리부터
살살 저으면 잘 녹는다 여기에 소다를 찍어 저으면
부풀어 올라 똥과자가 된다.
국자는 깨끗이 씻어 걸어 놓으면 엄마는 모르실 거야
울엄마 어떻게 아셨을까

*똥과자-달고나를 우리동네는 똥과자나 국자로 불렀다

연탄불 좀 빌리 주이소

"아지매 연탄불이 꺼져서 연탄불 좀 빌리주이소"

밑에 알불을 꺼내 주시면서

"구멍 잘 맞추고 불구멍은 너무 열어 놓지 말고
 반만 막아 놔라"

불이 꺼지면 서로서로 빌려주고 빌리러 가고 했는데
번개탄이 나오면서 빌리러 가는 일은 없어지고
연기를 마셔가며 불을 피웠다

연탄은
불구멍을 잘 맞추어야만 잘 탄다
언제나 쉽지않은 일이다

동치미 국물

연탄가스 마시면
동치미 국물이 최고
라고 믿었던 시절

"아~~ 아이고 머리야
야야 정신 차리라
연탄가스가 샜나보다
엊저녁에 연탄 새로 갈았는데 연탄이 덜
말라서 그런가… 구들장이 깨졌나?
우짜노 우째 동치미 국물 마시고 정신 차려라
동치미 국물 마셔도 안 될 것 같아"

결국 동네 의원에 실려 갔다

선물 같은 오늘

퍼뜩 정신차리라~

Calligirl 붓샘 1909

당근이의 봄·여름·가을·겨울 추억 이야기

조심하이소

골목 응달에는 눈이 얼었다 녹았다를
반복하면서 빙판이 만들어진다
집 앞을 지나는 동네 어르신들 미끄러질까 봐
연탄재를 깨서 뿌려 놓아도 이때를 놓치지 않고
콧물이 줄줄 흘러도 옷소매에 쓰윽 닦고
연탄재가 묻어 옷이 엉망이 되어도 미끄럼타기에
너 나 없이 신이 난다

빙판길
조심하이소

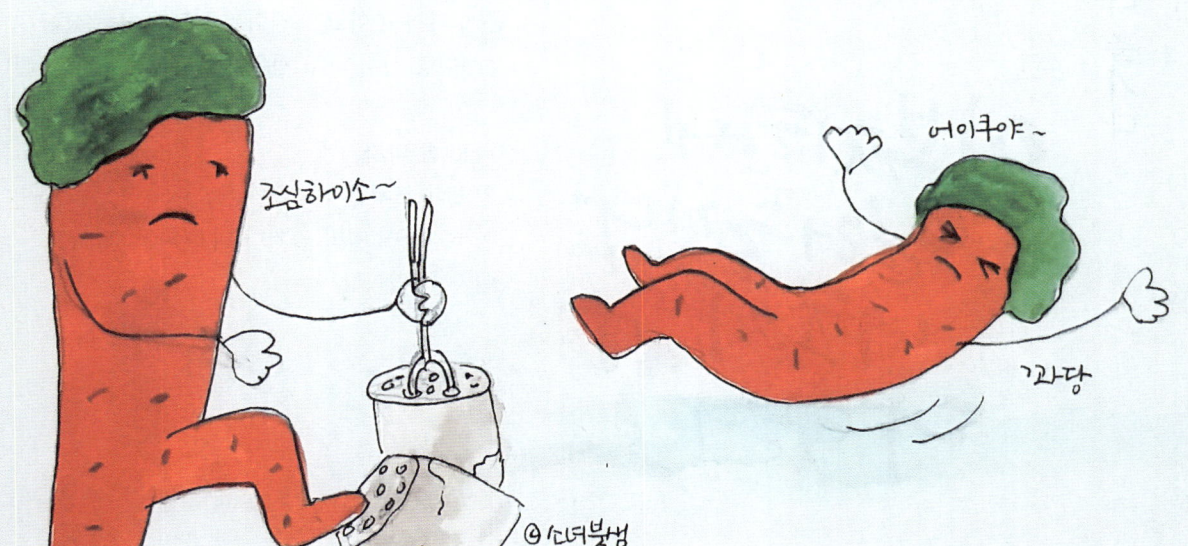

아버지한테 일러 줄기다

아버지는 사과 궤짝으로 뚝딱뚝딱 굵은 철사를
곧게 펴서 붙이고 스케이트를 만들어 주셨다
동생이랑 신이 나서 개울가 얼음판으로 타러 간다

"나도 좀 타자
 알았다 쪼매만 더 타고
 아부지한테 일러 줄기다 니 혼자 다 탔다고
 인자 니 타라"

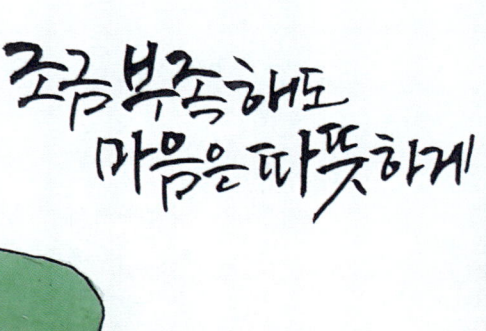

안 씹다 입을 크게 아~ 해라

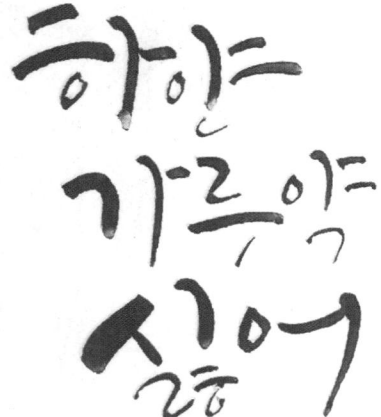

약방에 가서 콧물감기약을 지어 오셨다
하얀 가루에 노란 물약
숟가락에 가루약을 넣고 물약을 눈금만큼
부어 새끼손가락으로 저어 얼굴 앞에 디밀면
아파도 쓴 약이 먹기 싫어 고개를 저어 본다.
얄밉게 옆에 붙어 거든다.

"안 씹다 입을 크게 아~ 해라 내처럼"

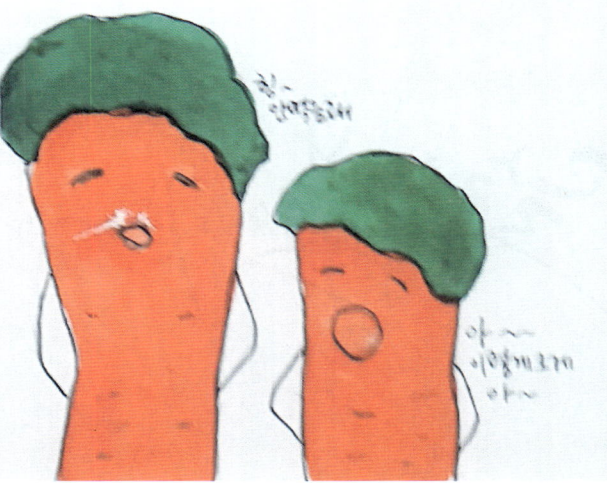

달집에 불이야

며칠 전부터 분유 깡통을 구해 못으로 구멍을 뚫어 놓고
채 어두워지기도 전에 둑방에 모여 불을 피우기 위해
나무 조각을 모아 놓고 불을 피워 손을 녹이고
숯불을 만들어 깡통에 채워 힘껏 돌리면
불꽃이 회오리치면서 장관이다
이내 코 주변도 옷도 새카맣게 그을려도 신이 나서
더 크게 깡통을 돌리며 외친다.

"달집에 불이야!!"

고드름 고드름 수정 고드름

초가지붕
처마에 주렁주렁
햇살에 반짝이는
수정고드름

겨울이면 초가지붕 처마에는 고드름이 주렁주렁 매달린다.
햇살에 투명하게 반짝이는 고드름을 똑 따서 깨 물면
정신이 번쩍 들면서 노래가 절로 나온다.

"고드름 고드름 수정 고드름"

나무에도 담장에도 고드름이 많이 매달려 있었지만
제일 큰 것을 차지하려고 찜하기 바빴다

자연이 주신 선물

제일 큰거 내꺼다

ⓒ소녀붓샘

당근이의 봄·여름·가을·겨울 추억 이야기

팽이치기

내가 색칠한
팽이는
돌아갈때
더 예쁘다~

동네에서 유일하게 가을걷이 후에 일부러 논에 물을 채워
빙판을 만들어 주신 고마운 할아버지가 계셨다
동네 아이들 겨울 놀이터로 스케이트도 탔지만
팽이치기를 더 많이 했다
새로 산 팽이는 크레파스로 색을 칠하면 돌릴 때마다
예쁜 색으로 나와 열심히 채찍질을 한다.
채찍질도 마구잡이로 하면 안 되니까 연습을 해야 했다.

엿이요 엿

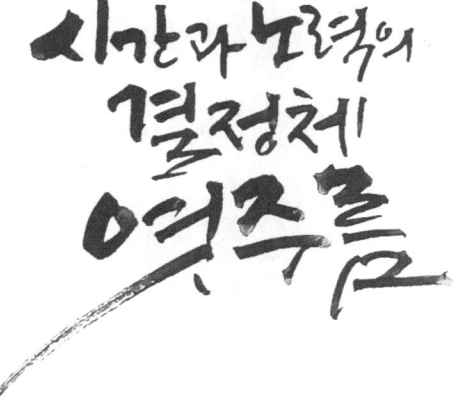

시간과 노력의
결정체
엿주름

"엿이요
 엿~
 친구야 오랜만에 엿치기 한번 할까
 진 사람이 엿값 내기 어때

 요렇게 줄이 많은 게 구멍이 큰 법인데
 탁!
 후~~~
 하하하 내가 이겼다
 맨날 이기는 비결이 뭐꼬??
 비밀이다 엿이나 무라~"

당근이의 봄·여름·가을·겨울 추억 이야기

벙어리 장갑

겨울이면 손등이 잘 부르터서 멘소레담 연고를
듬뿍 발라도 밖에서 놀다 보면 또 손등이 텄다
어머니는 흙장난하지 말라 하시며 벙어리장갑을
짜 주셨는데 혹시 잃어버릴까 봐 끈을 길게
연결해서 목에 걸고 다니며 동생이랑 심부름
갈 때도 친구를 만날 때도 둘이 한쪽씩 끼고 다녔다
우리 엄마는 뜨개질을 참 잘하셨다

어머니가 짜주신 따뜻한 벙어리장갑

크리스마스

우리 집은 대대로 불교를 믿는 집임에도
크리스마스가 다가오면 설레었다.
이브 날 교회 앞에 가면 빵과 과자를 나눠줬는데
교회 다니는 친구 따라 몇 번 간 적이 있어
은근히 기다려지는 날이다
그마저도 늦게 가면 없었지만

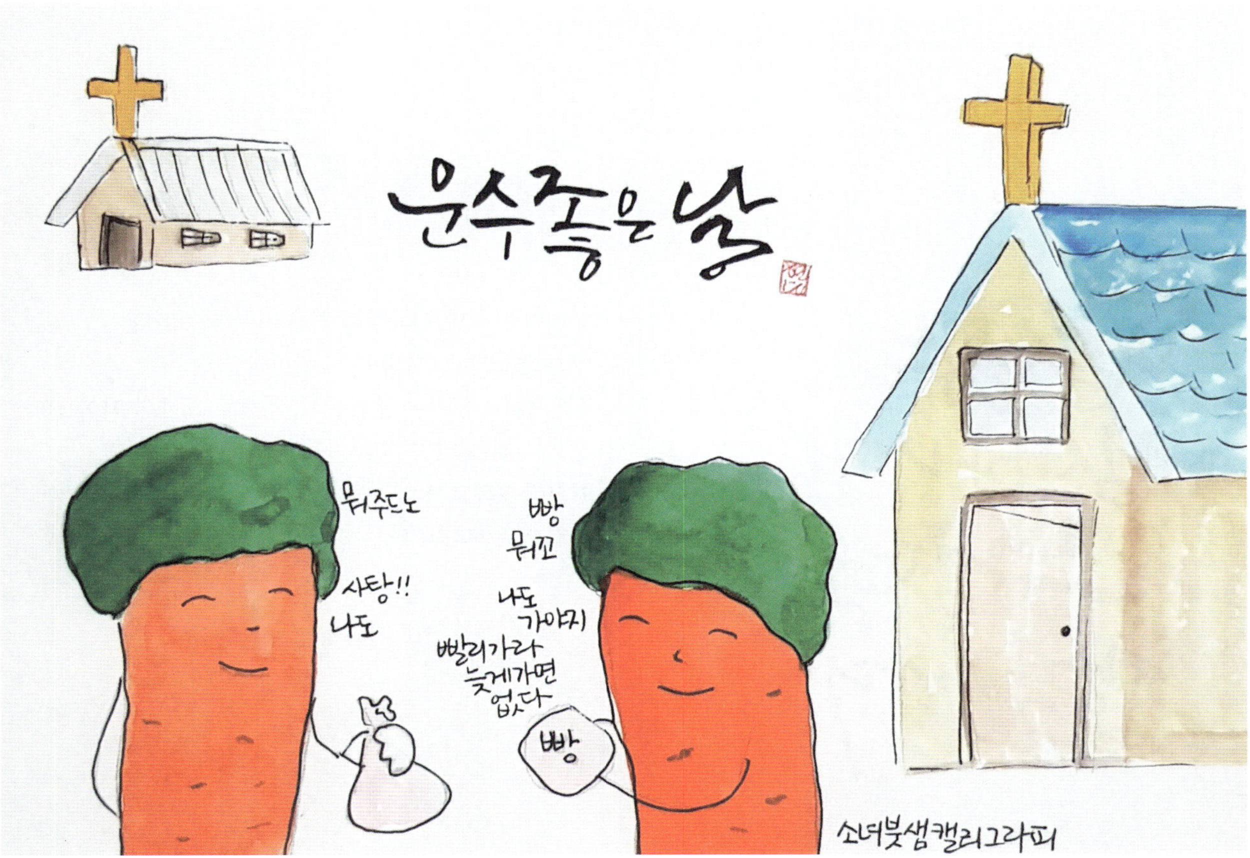
운수좋은 날
뭐주드노
사탕!!
나도
빵
뭐꼬
나도
가야지
빨리가라
늦게가면
없다
빵
소녀붓샘캘리그라피

주걱 떡

> 팥 삶는
> 냄새가 나면
> 주걱떡
> 생각이 난다~

어머니는 찰밥으로 주걱 떡을 자주 해주셨다
먼저 팥을 삶아 설탕 넣어 팥고물을 만들고
작은 솥에 갓 지은 찰밥을 주걱으로 으깨면 떡이 된다.
팥고물 위에 한 숟가락 뚝 떼서 고물을 묻히면
따끈따끈하고 맛있는 주걱 떡이 된다.
주걱으로 짓이겨 만든 떡이라 붙여진 이름이다

달님~ 소원을 들어 주세요

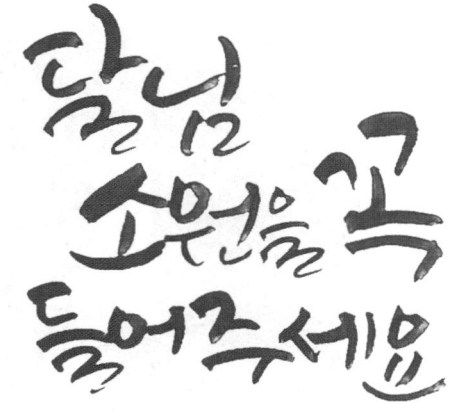

달님~
달님 제 소원을 들어 주세요

소원을 들어 주시면 부모님 말씀 잘 듣고
공부 열심히 하겠습니다
제 소원이 뭐냐면요?
선생님이 숙제를 안 내주시고
시험이 없어지면 좋겠습니다.

저자 윤현숙

울산 언양 출생
언양국민학교 졸업
캘리그라피 동인집 '한줄의 꿈' 공동출간
현)캘리그라피 & pop 문화센터 강사로 활동중

소녀붓샘의 추억 일기장
오늘도 당근이지

1판 1쇄 | 찍음 2021년 6월 4일
1판 1쇄 | 펴냄 2021년 6월 15일

글·그림 | 윤현숙
편집인 | ㈜엔투디 02-512-3296
펴낸곳 | ㈜엔투디
출판등록 | 제 2017-000090호
주 소 | 서울시 중구 창경궁로1길 8 예관빌딩 4F

Copyright©by 엔투디 2021